누구를 위해 특수교육은 존재하는가

별도의 표시가 없는 한 교육공동체 벗이 생산한 저작물은 크리에이티브 커먼즈 [저작자표시-비영리-변경금지 4.0 국제 라이선스]에 따라 이용하실 수 있습니다.
http://creativecommons.org/licenses/by-nc-nd/4.0

누구를 위해 특수교육은 존재하는가
평등한 분리 교육은 없다

ⓒ 윤상원, 2023

2023년 4월 20일 처음 펴냄
2024년 4월 29일 초판 3쇄 찍음

글쓴이 | 윤상원
편집부장 | 이진주
기획 · 편집 | 서경, 공현
출판자문위원 | 이상대, 박진환
디자인 | 이수정, 박대성
제작 | 세종 PNP

펴낸이 | 김기언
펴낸곳 | 교육공동체 벗
이사장 | 조성실
사무국 | 최승훈, 이진주, 설원민, 서경, 공현
출판등록 | 제2011-000022호(2011년 1월 14일)
주소 | (03971) 서울시 마포구 성미산로1길 30 2층
전화 | 02-332-0712
전송 | 0505-115-0712
홈페이지 | communebut.com

ISBN 978-89-6880-176-1 93370

누구를 위해 특수교육은 존재하는가

평등한 분리 교육은 없다

윤상원 지음

교육공동체벗

| 책을 펴내며 | 8 |

프롤로그   17

나를 키운 건 팔 할이 장애이더라

1장   31

누구를 위해 '장애' 명명은 존재하는가
질문을 바꿔야 한다

2장   45

누구를 위해 '특수학교'는 존재하는가
구조적 폭력으로서 특수학교(급)

3장   57

누구를 위해 '특수 교사'는 존재하는가
문지기로서 '특수' 교사

4장   71

누구를 위해 '개별화교육계획'은 존재하는가
고립을 넘어서기 위한 조건들

5장   **87**

누구를 위해 '장애이해교육'은 존재하는가
동정은 필요 없다

6장   **99**

누구를 위해 '특수교육법'은 존재하는가
분리 교육을 조장하는 특수교육법의 문제와 대안

7장   **121**

누구를 위해 '직업 교육'은 존재하는가
스티커 붙이기식 교육은 필요 없다

8장   **135**

누구를 위해 '약물'은 존재하는가
약물 권하는 학교 사회 비판

에필로그   **155**

'선량한 분리주의자'를 넘어
'적극적 통합주의자'로

일러두기

장애라 명명labeled된 학생 이 책에서는 '장애 학생'이나 '장애 아동'이 아닌 '장애라 명명된 학생', '장애라 명명된 아이'를 사용하고 있다. 다소 생소한 표현을 사용하는 이유는 다음과 같다. 모든 인간은 균질하지는 않지만 서로 다른 형태의 손상defect 내지는 약점을 각자 가지고 있다. 하지만 주류의 학교 사회가 특정 형태의 손상 내지는 약점을 고려하지 않는 구조로 학교 환경과 활동을 설계해 왔다. 이렇게 특정 손상을 지닌 아이들이 '할 수 없게' 설계된 학교에서 '할 수 없음'을 뜻하는 '장애disability'라는 명명label은 기존 학교 환경 조건에 의해 한 아이에게 부여된 것이지 본래 그 아이들의 속성은 아니다. 나아가 장애라는 명명이 비록 특정 손상을 지닌 학생에게 특별한 교육적 지원을 제공하기 위해 부여됐다 할지라도, 역으로 특정 손상을 이유로 일상적인 학교 활동으로부터 한 학생을 빈번히 배제하는 근거로 사용되기도 한다. 이러함에도 불구하고 '장애 학생'이라는 표현을 고수할 경우 '할 수 없는' 학생 개인에 방점을 두어 개인이 할 수 없기 때문에 분리한다는 논리를 정당화하는 데 기여할 것이다. 즉, 특정 손상을 지닌 학생 개인을 할 수 없도록 만드는 학교 환경을 전제할 때만이 장애라는 명명은 성립할 수 있으며, 그 명명이 그 학생에게 부여된 결과 분리와 배제가 이루어졌음을 잊지 않기 위해 '장애라 명명된 학생'이라는 표현을 사용한다. 결론적으로 생경하고 긴 표현에도 불구하고 장애 명명과 분리는 환경에 의해 수동적으로 부여된 것임에 방점을 찍고자 '장애라 명명된 학생'이라는 표현을 고수하려 한다. 상세한 내용은 1장 〈누구를 위해 '장애' 명명은 존재하는가 - 질문을 바꿔야 한다〉에 담겨 있다.

장애화하는disabling 사회 특정 신체적 차이를 가진 학생들이 할 수 없도록 만드는 학교 사회에 대해 잊지 않기 위해 이 책에서는 '장애화하는 사회' 또는 '장애화하는 학교'라는 표현을 사용한다. 장애에 대한 사회적 편견에 저항하고자 미국에서는 신체적 차이로서 장애보다는 사람이 먼저라는 피플 퍼스트People First 운동이 일어난다. 그래서 '장애를 가진 사람people with disability'이라는 표현을 사용할 것을 강조한다. 하지만 이러한 "장애를 가진with disability"이라는 표현은 그 의도와 달리 한 사람 내에 할 수 없는 원인으로서 특정 손상 내지는 장애가 존재함을 인정하는 모순에 빠지기 쉽다. 신체적 손상은 형태나 정도의 차이가 있을 뿐 누구나 다 지니고 있다. 하지만, 근대 사회는 백인, 남성, 오른손잡이와 같은 특정 신체적 특성이 이상적 신체상이라는 가정하에 설계 및 발전되어 왔다. 그렇게 다른 신체적 특성을 가진 이들이 할 수 없도록 사회가 세팅돼 있음에도, '할 수 없음'을 뜻하는 '장애'를 한 사람이 가지고 있다는 의미를 내포하는 '장애를 가진 사람'이라는 미국식 표현은 어불성설이 아닐 수 없다. 이에 장애에 대한 사회적 관점을 강조하는 영국의 장애학Disability studies은 특정 신체적 차이를 지닌 한 사람이 정치적·경제적·사회적·문화적 장벽으로 인해 사회에 의해 할 수 없도록 장애화됐음disabled을 강조하기 위해 '장애화된 사람' 또는 한 사람을 '장애화하는 사회'라는 표현을 사용할 것을 제안한다.

학습도움실 일반학교에 재학 중인 장애라 명명된 학생의 학습 및 생활을 지원하기 위한 교내 특별실이다. 이른바 특수교육 대상자만을 분리하여 특수 교사가 교육하는 공간으로 학교에 따라 '학습도움실' 또는 '통합교육지원실' 등의 명칭으로 부르곤 한다. 법적 용어는 특수학급이지만 (1) 장애라 명명된 학생이 소속된 일반학급이 그 학생들의 법적 소속 학급이라는 점, (2) 실제 그 학생의 요구에 맞는 지원을 위한 특별실로서 역할을 한다는 점, (3) 장애에 대한 낙인 효과를 유발시킨다는 문제점 등으로 대다수의 학교가 '학습도움실' 등의 명칭을 대신 사용한다.

원적 학급 법적으로 원래 소속된 학급으로 통합 학급을 일컫는다.

책을 펴내며

20년 넘게 특수교육을 공부하고 특수 교사로 일하면서 "아무나 못 하는 좋은 일 하시네요" 혹은 "특수 교사는 천사라고 생각해요"라는 말을 수없이 들었습니다. 그렇게 특수교육은 우리 사회에서 아름답고 성스러운 긍정의 키워드로 여겨졌습니다.

하지만 특수교육은 아무나 할 수 없고 천사나 할 수 있는 일이라는 긍정적 칭찬은 장애라 명명된 학생들을 일반학교에서 분리하고 배제하는 부정적 결과를 낳았습니다. 달리 말해, 장애라 명명된 학생 교육은 일반적인 교사나 일반학교가 할 수 없는 신성화된 영역이기에 이들을 분리하여 특수학교(급)에서 특수 교사가 전적으로 교육해야 함을 암시합니다. 예를 들어, 장애라 명명된 학생이 일반학급 수업에 방해가 될 요량이면 동료 교사나 관리자는 자신들이 감당할 수 있는 학생이 아니기에 그 학생을 분리해 학습도움실에서 더 많은 시간 지도할 것을 특수 교사에게 요구하곤 했습니다. 혹은 특수학교로의 전학을 학부모에게 권유할 것을 특수 교사인 나에게 요구하기도 했습니다.

어찌 보면 학력 중심 일반학교(급)의 교육 활동을 보호하기 위해 장애라 명명된 학생을 분리하는 데 특수학교(급)의 존재 이유가 있는지도 모르겠습니다. 예를 들어, 1970년대 중학교 무시험 입학 제도가 도입되면서 기존에 학력고사 성적이 낮아 입학이 불가능했을 학습 부진이라 명명된 학생이 중학교에 입학하게 됩니다.[1] 학력 중심의 일반학교 구조를 유지하기 위해서는 이들을 특수교육 대상자라는 이름으로 분류하고 분리할 필요성이 있었고, 이에 1970년대 중학교 특수학급이 급격히 늘어나기 시작합니다. 달리 말해, 특수학급은 학력 중심 일반학교 사회 구조를 더욱 공고히 하는 데 기생하며 발전해 왔다고 할 수 있습니다.

특수교육이 역설적으로 장애라 명명된 학생 분리를 강화하는 데 학력 중심 일반학교 사회가 외적 요인으로 작용한다면, 특수교육이 전통적으로 의료적 관점에 따라 장애를 바라보고 실천함은 내적 요인으로 영향을 미친다고 할 수 있습니다. 먼저, 특수교육학은 여전히 한 학생이 할 수 없음에 대한 원인을 개인 내 문제에서 찾고자 하는 장애에 대한 의료적 관점에 기반하고 있습

---

[1] 곽정란(2010), 〈한국 특수학급의 성립과 변용(1970~1974)〉, 《특수교육저널: 이론과 실천》, 11(1), 277~305쪽.

니다.[2] 나아가 그 개인 내 문제를 찾아 장애 명명으로 진단하고자 하는 특수교육적 욕망은 다시금 장애를 치료하거나 교정하려 하는 장애 부정적 행위로 나타나곤 합니다.[3] 그래서 한 학생에게 진단을 통해 장애 명명이 부여되는 순간 그는 항상 '자립'이라는 십자가를 짊어지고 장애나 행동을 교정해야 한다는 특수교육에 힘쓰는 조역에 지나지 않으며, 치료나 교정에 성공하지 못하는 한 그들은 언제까지고 일반학교 사회 바깥에 놓인 투명한 존재로 특수학교(급)로 분리되어 남겨질 가능성이 커지는 것입니다.[4]

여성 차별에 저항하는 학문인 여성학과 같이 장애 차별에 저항하는 학문인 장애학은 장애라 명명된 학생을 위해 존재하는 특수교육이 역설적으로 장애라 명명된 학생을 어떻게 학교 사회에서 분리하고 배제할 수 있는지에 대해 보다 자기 반성적이고 비판적 시각으로 분석할 필요성이 있음을 강조합니다.[5] 이처럼 특수교육의 존재 이유에 대해 의문시하지 않는다면, 장애라 명명된 학생들

---

[2] Valle, J. W. & Connor, D. J.(2011), *Rethinking disability: A Disability Studies approach to inclusive practices*, Routledge.
[3] Garzón Díaz, K. D. R. & Goodley, D.(2019), Teaching disability: strategies for the reconstitution of disability knowledge, *International Journal of Inclusive Education*, 25(14), pp. 1577-1596.
[4] 사이토 미치오, 송태욱 옮김(2006), 《지금 이대로도 괜찮아》, 삼인.
[5] 엄수정·유애란(2015), 〈누구를 위한 특수교육인가? : '장애학생'들이 갖는 특수교육의 의미를 고찰하기 위한 내러티브 탐구〉, 《특수교육저널: 이론과 실천》, 16(3), 1~33쪽.

을 일반학교 활동에서 이방인처럼 취급하고 분리 및 배제하는 차별적인 일반학교 사회에 변화의 가능성은 열리지 않을 것이라 장애학은 주장합니다.[6] 그래서 이 책에서는 '특수'교육에 대해 한 장애라 명명된 특수 교사로서 자기 성찰적 비판을 시도하려 합니다.

이 책은 '누구를 위해 특수교육은 존재하는가'라는 커다란 질문에 대한 답을 찾고자 8장에 걸친 작은 질문들로 세분화하여 구성하였습니다. 1장에서는 〈누구를 위해 '장애' 명명은 존재하는가〉에 대해 논의하고자 합니다. 구체적으로 '장애' 명명은, 특정 손상 내지는 차이를 지닌 한 학생을 '할 수 없도록' 만드는 학교 사회 구조를 은폐하고 그 책임을 학생 개인에게 전가하기 위해 그 학생에게 부여된 것은 아닌지에 대한 문제를 제기합니다. 2장에서는 〈누구를 위해 '특수학교'는 존재하는가〉에 대해 논의하고자 합니다. 구체적으로 장애라 명명된 아이들을 향한 특수학교 내 폭력 사건은 특수학교 구성원에 대한 감시와 특수학교 운영 구조의 개선만으로는 해결되지 않기에, 특수학교를 개선하기보다 폐쇄를 검토해야 하는 것은 아닌지 의문을 제기합니다. 3장에서는 〈누구를 위해 '특수 교사'는 존재하는가〉에 대해 논의하고자 합니다. 구체적으로 능력주의에 기반한 학교 제도하에서

---

6 Dudley-Marling, C.(2004), The social construction of learning disabilities, *Journal of learning disabilities*, 37(6), pp. 482-489.

'특수' 교사에게 주어진 역할은 한 학생을 능력에 따라 차별하고 분리하는 학교 사회의 규범을 보호하기 위한 문지기 역할은 아닌지에 대한 의문을 제기합니다. 4장에서는 〈누구를 위해 '개별화교육계획'은 존재하는가〉에 대해 논의하고자 합니다. 구체적으로 장애라 명명된 개별 학생의 차이에 맞는 환경을 제공하기 위한 종합적 지원 계획으로서 개별화교육계획이 자리 잡지 못하고 학생 개별화 수업 계획으로 고립될 수밖에 없는 학교 사회의 조건들에 대해 문제를 제기하고자 합니다. 5장에서는 〈누구를 위해 '장애이해교육'은 존재하는가〉에 대해 논의하고자 합니다. 구체적으로는 장애이해교육이 본래의 취지인 장애라 명명된 학생에 대한 이해보다는 오해를 조장할 우려가 있는 것은 아닌지 의문을 제기합니다. 6장에서는 〈누구를 위해 '특수교육법'은 존재하는가〉에 대해 논의하고자 합니다. 구체적으로는 특수교육법 제정의 의의 및 한계, 분리 교육 중심의 현행 특수교육법의 문제점을 정리합니다. 그리고 실질적인 통합 교육 지원을 위해 특수교육법이 어떻게 변화해야 하는지에 대한 대안들을 제안해 보고자 합니다. 7장에서는 〈누구를 위해 '직업 교육'은 존재하는가〉에 대해 논의하고자 합니다. 구체적으로 장애라 명명된 고등학생을 위한 진로와 직업 교육의 열악한 현실과, 그 열악한 현실의 배후에 학교 사회가 가지고 있는 구조적 문제점이 있는 것은 아닌지 의문을 제기합니다. 8장에서는 〈누구를 위해 '약물'은 존재하는가〉에 대해 논의하고자 합니다. 구체적으로 발달장애라 명명된 학생들에게 약물을 권하는 학교 사회에 대해 비판하고자 합니다. 각 장의 중심 내용은 장애화하는 학교 사회에 대한 문제 제기이지만, 일부 장에서는 그러한 학교 사회에 저항하기 위해 감행했던 특수 교사로서 저의 실천에 관해 서술하고 있습니다.

본문에 더해, 〈프롤로그〉에서는 장애라 명명된 한 특수 교사로서 저의 삶의 궤적을 따라가며 이 책이 어떤 입장 내지는 관점에서 작성된 것인지를 독자들에게 밝히고자 합니다. 이는 '내가 저 입장이면 특수교육에 대해 저렇게 말할 수도 있겠다'는 공감을 얻기 위함이자 저의 글이 어느 편으로도 치우치지 않는 불편부당不偏不黨한 진리가 아닌 하나의 일리一理일 뿐임을 밝히기 위함이기도 합니다. 더불어 〈에필로그〉에서는 '특수'라는 말 한마디 내지는 명사가 일상에서 어떻게 한 사람을 무시하고 배제하는 기제로 작용하는지를 저의 개인적 경험을 통해 보여 드리고자 합니다. 그래서 "누구를 위해 특수교육은 존재하는가"에 대해 다시금 되물으며 이 책을 맺으려 합니다.

차별 없는 교육을 실천하기 위해 특수 교사가 되었지만, 교육 현장은 차별과 그 차별을 양산하는 모순으로 가득했습니다. 그 모순과 부딪히며 항상 부족함을 느꼈고 그래서 모두를 위한 통합 교육과 보편적 복지 정책 선진국인 노르웨이로 유학을 떠났습니다. 노르웨이에서 6년의 석·박사 과정을 마치고 학교로 복직

했지만, 학교 현장에서의 장애라 명명된 학생에 대한 차별과 분리는 여전했습니다. 오히려 특수학교(급)를 늘려 분리하되 일반 학생들과 동등한 교육 기회를 제공하면 장애라 명명된 학생을 위한 일이라는 '평등한 분리 교육'에 대한 논리가 진보적 교육 의제가 되어 있었습니다.

하지만 '평등한 분리 교육'은 차별이라는 결론을 1954년 미국 대법원은 〈브라운 대 토피카교육청 소송〉 판결문에 남깁니다.[7] 캔자스주 토피카시에 살던 흑인 아동 린다는 피부색이 다르다는 이유로 집 가까이에 있는 초등학교를 놔두고 1.6Km나 떨어진 흑인만 다니는 학교로 매일 먼 거리를 걸어 통학해야 했습니다. 이에 린다의 아버지 브라운 씨는 집 근처 백인 전용 초등학교로 전학 신청을 했으나 토피카교육청은 전학 신청을 거절합니다. 브라운 씨는 토피카교육청을 상대로 소송을 걸고, 3년간의 긴 소송 끝에 1954년 5월 17일 대법원은 만장일치로 '공립 학교에서 인종 차별은 위헌'이라는 결정을 내립니다. 대법원은 결정문에 "아무리 동등한 시설과 교육을 제공하더라도 인종을 분리해서 운영하는 것 자체가 인종 차별"에 해당한다고 명시합니다. 분리된 교육 시설은 본래 그 자체가 불평등하다는 이유로 말입니다. 달리

---

[7] Martin, W. E.(1998), *Brown v. Board of Education: A brief history with documents*, Bedford.

말해, 흑인과 백인을 '분리하되 평등하게' 교육을 제공해야 한다던 당시 교육적 상식은 이 판결로 인해 차별적 몰상식이 되었습니다. 이를 장애라 명명된 학생 교육에 적용해 보자면, 장애라 명명된 학생을 분리하지만 일반 학생과 평등하게 그럴듯한 특수학교를 제공하겠다는 진보 교육감들의 선거 공약은 역으로 몰상식한 차별일 수 있습니다.

그간 진보적 교육 의제로서 '평등한 분리 교육' 원칙은 특수교육의 양적 확대에 기여했습니다. 정작 '특수'라는 꼬리표는 오히려 장애라 명명된 학생을 일반학교 교육 활동에서 분리하는 데 기여하고 있음에도 말입니다. 이러한 학교 내 분리 교육이 강화되는 현상을 현장에서 경험하면서, 특수교육이 정말 장애라 명명된 학생을 위해 존재하는 것일까 하는 의문을 품게 되었습니다. 그리고 "누구를 위해 특수교육은 존재하는가"에 대해 한 시각장애라 명명된 특수 교사로서 저의 경험을 성찰하고 기록하기로 마음먹었습니다. 그 성찰의 결실인 이 책이 장애 차별 없는 학교 사회를 만드는 데 작게나마 기여하길 바라 봅니다.

2023년 4월
장애차별철폐의 날에
윤상원

프롤로그

나를 키운 건
팔 할이
장애이더라

"윤 선생, 무슨 피해 의식 있어?"

얼큰하게 취해 선술집을 나서는 길에 학교장이 내게 내뱉은 말 한마디 '피해 의식'. 남 탓만 하는 피해 의식에 휩싸인 교사. 바로 학교 관리자에게 비친 나의 모습이었다. 비록 술기운에 한 말일지라도 취중진담이라는 말처럼 나에 대한 자신의 솔직한 생각을 말했을 것이다. 지금까지 아무 문제 없던 학교 일상에서 자신들이 차별을 저지르고 있다는 말에 억울했을지도 모른다. 바로 '장애라 명명된 학생'들을 향한 차별 말이다.

예를 들어, 내가 일했던 한 중학교에는 수시로 혼잣말을 하던 자폐라 명명된 한 학생이 있었다. 그 학생의 혼잣말이 수업에 방해된다며 교장은 특수 교사인 나를 불러서는 부모에게 특수학교로의 전학을 권유할 것을 명했다. 나는 장애를 이유로 특수학교 전학을 강요하는 것은 「장애인 등에 대한 특수교육법」에 따라 차별이기 때문에 교장의 명령을 거부했다. 전학 강요도 모자라

안전을 이유로 수학여행에서 해당 학생의 참여를 막으려 한 일도 있었다. 그때도 차별 행위임을 강력히 주장하였고, 갑론을박 끝에 그 학생은 내가 동행하는 조건으로 수학여행에 참여할 수 있었다. 그렇게 학교 사회에서 장애라 명명된 학생들을 향한 차별은 관리자의 권위에 대한 복종과 침묵 속에서 차별인지도 모른 채 이루어졌다. 그 침묵의 카르텔을 깨고 갈등과 (수학여행 동행 같은) 추가적인 업무를 감수하고라도 차별임을 외치는 나의 행동이 관리자인 본인에게 무슨 피해 의식이나 억하심정을 품었다고 생각하지 않고는 이해할 수 없는 일이었을 것이다.

그렇다. 나는 피해 의식이 있다. 의식이라는 것이 의식의 '바깥'에 존재하는 사회적 경험의 산물이라면 말이다.[1] 시각장애라 명명된 한 아이로서 나의 유년기 삶의 경험은 나의 피해 의식의 근간이다. 피해자는 권리를 침해받은 자로 그 피해 경험은 공감받아야 할 것이지 비난의 대상이 되어서는 안 된다.[2] 그래서 나는 시각장애라 명명된 한 아이로서 겪은 차별과 피해 경험을 털어놓고자 한다. 나아가 나의 시각적 손상 내지는 약점이 나의 삶의 힘이 된 중요한 전환점인 대학 시절 이야기를 하고자 한다. 마지막으로 장애라 명명된 한 사람으로서 앓고 나서야 비로소 얻게

---

1 박동섭(2016), 《레프 비고츠키》, 커뮤니케이션북스.
2 권김현영(2019), 《다시는 그전으로 돌아가지 않을 것이다 - 진화하는 페미니즘》, 휴머니스트.

된 소중한 '앎'[3]과 특수 교사로서 교육 '실천'이 표리부동하지 않기 위한 나의 몸부림을 다루고자 한다.

열등감으로 힘겹던 유년기 :
장애에 대한 개인적 관점에 갇힘

나는 태어날 때부터 턱이 비대칭적으로 휘어서 자라는 선천성 안면 기형에 오른쪽 눈 실명으로 인해 좌우의 초점이 맞지 않는 사시斜視로 태어났다. 흔히들 말하는 '장애 정도가 경한 장애인'으로 기존 학교 환경 속에서 학습 과제를 수행하는 데는 큰 어려움이 없었다. 하지만 나의 안면 기형과 사시는 학교에서 또래 혹은 교사와의 사회적 관계에서는 걸림돌이 되었다. 친구들과 다툼이 생기거나, 교사에게 꾸중을 들을 때 나의 장애는 나의 잘못에 덧씌워졌다. 때론 연좌제와 같이 나의 삶을 따라다녔다.

한번은 친구들과 함께 운동장에서 놀다 수학 시간에 늦게 들어가는 일이 있었다. 수학 선생님께서는 함께 늦게 들어간 다른 친구들은 칠판 옆에 꿇어앉히고는 나만 교탁 앞에 불러 세웠다.

---

[3] 무언가 안다는 것은 알을 깨고 나오는 인고의 시간을 견뎌 내고 나서야 가능한 것이다. 이를 독립운동가이자 사상가였던 함석헌 선생은 "앎은 앓음이다. 철학도 종교도 앓는 소리다. 알이 들자고 앓는다. 알이 드는 날 앎이 올 것이다"라고 말씀하셨다. 함석헌, 김진 엮음(2003), 《너 자신을 혁명하라 - 함석헌 명상집》, 오늘의책.

그러고는 삐뚤어진 얼굴을 고쳐 주겠다며 뺨을 때리기 시작했다. 그것도 수업 시간에 같은 반 친구들의 눈이 집중되는 교탁 앞에서 말이다. 그뿐만이 아니었다. 친구들과 놀다 다툼이 생기면 친구들은 나를 '사팔뜨기'라고 놀리곤 했다. 반에서 힘 좀 쓴다는 몇몇 아이들은 그저 놀리는 재미로 나를 '바나나'라 부르곤 했다.

어디에도, 누구에게도 나의 억울함을 호소할 수 없었다. 부모님에게는 더더욱 말할 수 없었다. 당시 부모님 두 분이 함께 운영하시던 사업이 부도가 났을 뿐 아니라 아버지께서는 암 투병 중이셨다. 그래서 그 모든 수치심과 분노를 혼자서 조용히 삭이곤 했다. 그렇게 나는 조용하고 내성적이며 자신감이 부족한 아이가 되어 갔다. 남 앞에서 당당하게 큰 소리 한번 내지 못하는 그런 아이 말이다. 남들에게 내 생각을 당당히 말'할 수 없음'(장애)은 어디까지나 타고난 나의 신체적 손상 때문이라 생각할 수밖에 없었다. 그렇게 열등감으로 가득 찬 유년기를 보내야 했다.

해방감으로 가득 찬 대학 시절 :
장애에 대한 사회적 관점으로의 전환

가정 형편이 넉넉지 않았던 탓에 당시 취직이 잘 된다는 특수교육과에 입학했으나, 비싼 등록금을 맞추는 일은 항상 버거웠다. 그래서 무엇보다 장학금이 절실히 필요했다. 마침 장애라 명명된 학생에게 지급하는 복지 장학금 제도를 학교에서 운영하고 있었다. 찬밥 더운밥 가릴 형편이 아닌지라 복지 장학금을 받기 위해 먼저 주민센터에 가서 장애인 등록부터 했다. 그렇게 나는 공식적으로 법적 장애인이 되었다. 법적으로 장애인이 되었지만, 그때까지도 장애는 나에게 숨기고 싶은 부끄러운 것이었다.

하지만 장애라 명명된 한 사람으로서 주체성을 인식하는 데 그리 오랜 시간이 걸리지 않았다. 당시 내가 다니던 대학은 전국에서 장애라 명명된 학생이 가장 많이 재학하고 있었다. 더욱이 내가 속한 특수교육과에는 장애라 명명된 동기들이 많았다. 이들 대부분은 기숙사에서 생활하고 있었기에 우리의 만남은 자연스럽게 이루어졌다. 무언지 모를 동질감에 이끌려 우리의 모임은 잦아졌다. 기숙사는 거의 매일 새벽까지 장애라 명명된 이들의 삶에 관해 이야기를 나누고 생각을 공유하는 열띤 토론의 장이 되었다. 그렇게 각자의 삶의 이야기에 귀 기울이다 보면 마치 거울을 통해 나 자신을 보는 것 같았다. 그리고 우리 모두의 삶을 관통하는 하나의 결론에 이르렀다. 바로 우리의 '할 수 없음' 내지는 '장애'의 이유가 나 개인의 신체적 손상 때문이 아니라 우리들을 할 수 없게 하는 사회 때문이었음에 말이다. 그렇게 시선을 나 개인에서 사회로 돌리는 순간 우리는 장애라 명명된 한 사람으로서 나란 존재를 온전히 받아들일 수 있게 되었다.

예를 들어, 학기 초 우리는 강의에 참여할 수 없고 과제를 수행할 수 없었던 이유를 각자의 타고난 신체적 조건 때문이라며 자책하고 한숨만 내쉬었다. 하지만 한 학기가 지나고 우리의 이야기가 무르익을수록 시각장애라 명명된 학우는 '점자 교재'가 없어, 청각장애라 명명된 학우는 수어 통역사가 없어, 지체장애라 명명된 학우는 활동 보조인이 없어 수업에서 차별 및 배제를 당하고 있음을 자각하기 시작했다. 즉, 애초 묵자墨字[4] 중심으로 디자인된 교재, 음성 언어 중심으로 디자인된 강의, 자신의 손발로 필기하고 신변을 처리할 수 있어야 참여가 가능하도록 디자인된 교육 구조 등 학교 사회 시스템이 우리를 할 수 없도록 만드는 것임을 말이다. 그렇게 장애는 사회적으로 구성되어진 것임을 자각하는 순간 우리는 지난 20여 년간 자신이 비정상이라고 자책하고 혐오하던 사회 심리적 억압을 딛고 한 인간으로서 해방감을 느낄 수 있었다.

그즈음 들불처럼 번진 '사회운동으로서 장애운동'의 영향으로 우리는 '학생운동으로서 장애운동'을 조직하였다. 그래서 기숙사 골방에서 광장으로 뛰쳐나오기까지 그리 오랜 시간이 필요하지 않았다. 학내에 각종 장애 대학생 조직을 결성하고, 학생회 선거에 직접적으로 참여하였으며, 무엇보다 학내의 장애라 명명된 한 학생에 대한 성추행 사건을 계기로 '장애인 교육권 쟁취를 위한 연대회의'를 결성하게 되었다. 학내·외에서 매주 선전전, 집회 등을 조직해 총장과 정기적 간담회를 성사시켰으며, 그 간담회에서

---

[4] 먹으로 쓴 글. 특히 점자點字에 상대하여 이른다.(국립국어원)

우리의 권리를 적극적으로 주장한 결과 학내 곳곳에서 변화가 일어났다. 나아가 장애가 개인의 문제가 아닌 사회적 문제임을 인식하고 학교 사회의 조건을 변화시키기 위한 실천을 통해 개인적으로는 열등감을 자신감으로 전환할 수 있었다. 상대가 누구든, 어느 자리에 있든 두려움 없이 자기 생각을 당당하게 말할 수 있게 된 것이다.

모순과 갈등 속으로 뛰어든 특수 교사 :
관점에서 실천으로

장애운동단체 활동가와 학교 특수 교사라는 직업 선택의 갈림길에서 방황하던 대학 4학년 2학기 겨울, 우연을 가장한 필연의 결과 특수 교사로서 아이들 앞에 서게 되었다. '아이들을 위해서' 특수 교사는 일반 교사에게 먼저 고개를 숙이고 학교 운영에 최대한 협조한다는 것이 특수 교사들 사이의 불문율이었다. 일반학교 내에서 비주류인 특수 교사와 장애라 명명된 아이들이 학습도움실이라는 외딴섬에 고립되지 않기 위한 고육지책이었다. 하지만 특수 교사가 일반 교사와 학교장의 요구에 충실할수록 특수 교사는 학교에서 인정받을지 몰라도 아이들의 교육권은 침해받기 십상이었다.

2년간 유학 휴직을 마치고 복직했던 한 학교에서는 특수 업무 외의 업무는 일절 맡기지 않던 휴직 전과는 달리 '교내 교사 연수'와 '(일반 학생 대상) 사이버 교육 시스템' 업무를 특수 업무와 함께 나에게 배정했다.[5] 그래서 특수 업무 외의 이 두 업무 배정을 철회해 줄 것을 교감에게 요청하였다. 설득과 회유에도 거듭 업무를 거부하자 교감의 목소리는 높아졌고, 전前 학기에 기간제 특수 교사는 아무 문제 없이 하던 업무라며 나에게 이기적이라고 하였다. 보통 교육청에서 특수학교로 보내는 공문의 대부분을 일반학교 내 특수 교사에게도 동일하게 보내기 때문에 나에게 배정된 한 해 공문 양은 교사 5명으로 꾸려진 연구부서의 한 해 공문 양과 같았다. 그런 상황에서 특수 업무 외의 다른 행정 업무를 맡기 위해서는 수업 시간에 업무를 보거나 교육 활동과는 무관한 행정 업무를 보느라 매일 밤늦게 퇴근해야 한다. 그래서 나는 아이들의 교육받을 권리를 위해서라도 특수 업무 외에는 맡을 수 없다고 강변했다.

　오랫동안 장애라 명명된 학생들을 배제한 채 설계 및 발전되어 온 학교 구조에 그간 배제된 이들이 끼어드는 순간 이들의 존재로 인해 학교의 구조적 모순은 비로소 가시적으로 드러난다.

---

5 교원의 노동 조건에 대한 교육청과 교원단체 간의 합의서인 단체 협약상에도 특수 교사에게 특수 업무 외의 업무를 배정하지 않도록 규정하고 있다. 예를 들어, 〈2021년 인천광역시교육청-전교조 인천지부 단체협약서〉 제74조 1항은 "교육청은 특수교육 운영의 내실화를 위하여 가급적 특수학급 업무 이외의 별도 업무를 부가하지 않도록 권장한다"고 명시하고 있다.

그 모순을 해결하는 과정에서는 갈등이 일어나기 마련이다. 모순과 갈등은 새로운 배움의 계기가 되며, 배움을 통해 모순이 점차 줄어드는 방향으로 발전해 간다.[6] 그래서 모순과 갈등을 긍정적이고 적극적인 자세로 수용할 필요가 있다. 다시 학교로 돌아가서 통합적인 학교 문화를 만들어 가기 위해서 학교의 활동 구석구석에 장애라 명명된 아이들이 존재하는 것이 무엇보다 중요하다. 그리고 그 존재들로 인해 비로소 드러나는 '기존 설계'와 '변경이 요구되는 설계' 사이의 모순과 갈등은 학교 사회를 변화시키기 위한 자원으로 활용될 수 있다. 그래서 그 모순과 갈등을 피하거나 차단하려 하기보다 그것들과 직면하면서 모순을 해결하기 위해 학교 사회 구성원들이 함께 머리를 맞대고 노력해야 한다. 비록 즉각적인 해결책을 제시할 수 없어 먹먹함이 밀려올 수 있다 할지라도 말이다.

예를 들어, 체육 시간에는 안전상의 이유로, 한문 시간에는 시끄럽다는 이유로 장애라 명명된 학생이 수업 도중에 퇴출당하여 학습도움실로 보내지는 경우를 종종 경험한다. 그럴 때면 나는 즉각 그 학생을 다시금 데리고 원적 학급으로 간다. 그리고 수업 중인 교실 문을 두드린다. 그 학생을 이러저러한 이유로 퇴출

---

[6] Engeström, Y.(2001), Expansive Learning at Work: Toward an activity theoretical reconceptualization, *Journal of Education and Work,* 14(1), pp. 133-156.(doi.org/10.1080/13639080020028747)

했던 교사는 나를 향해 다소 당황스럽다거나 황당하다는 표정을 보인다. 수업 중이던 학습도움실에 학생을 퇴출해 보냄으로써 나를 당혹스럽게 한 사람은 정작 본인임에도 말이다. 일단 학생을 자기 자리로 돌려보내고 해당 교사와 함께 복도로 나와 당부의 말을 전한다. 내 말의 요지는 "적어도 원적 학급에서 이루어지는 통합 수업 시간에는 각 수업 시간을 담당하는 교과 교사가 그 학생을 책임지고 가르쳐야 할 의무가 있다"는 것이다. 그리고 한마디 더 추가한다. 학생 교육에 대해 상의할 것이 있으면 언제든 개별적으로 연락해 달라고 말이다. 그렇게 처음에는 일반 교사들과 갈등을 겪는 일이 많았다. 하지만 시간이 지나면서 일반 교사들도 장애라 명명된 학생 역시 자신이 책임져야 할 학생 중 한 명임을 인식하기 시작했다. 그리고 수업 시간에 일어나는 일들을 상의하기 위해 나에게 연락하거나 일부러 찾아오기도 했다. 그러면 나는 적극적으로 대화에 응하고 함께 방안을 모색했다. 예를 들어, 체육 시간에는 축구, 야구, 배구 등의 운동 종목들에 특별히 숙련된 기능 없이도 안전하고 쉽게 누구나 참여할 수 있도록 기존 운동에 사용되던 도구나 규칙들을 수정한 뉴스포츠[7] 접근법을 소개했다. 필요하면 도구를 사 주기도 했다. 또한, 한문 교사에게는 그날 배우는 한자 중에 핵심 한자 몇 자를 크게 확대 프린트하여 학생이 따라 써 볼 수 있도록 하라고 조언을 하기

---

7 한국뉴스포츠협회 사이트 참조(www.newsports.or.kr)

도 했다. 통합반에서 지속적으로 도움을 제공할 특수교육 실무사[8]가 필요하다고 해서 교육청에 민원을 넣어서라도 지원하는 일도 있었다. 그렇게 한차례 갈등을 겪으면서 견뎌 내고 함께 머리를 맞대다 보니 '특수반 학생'이라 말하던 일반 교사들이 어느 날부터는 '우리 반 학생' 또는 '몇 학년 몇 반 학생'이라 말하기 시작했다. 그렇게 '우리 반' 내지는 '우리 학생'으로 받아들이기 시작했다.

'나의 문제'에서 '장애화하는 사회'의 문제로

삶의 궤적을 따라 장애에 대한 나의 시선은 변화해 왔다. 유년기, 온갖 놀림과 차별 속에서 장애는 나 개인의 문제였다. 그래서 자책과 열등감으로 얼룩져 있었다. 장애에 대한 나의 시선에 변곡점이 되었던 대학 시절. 장애라 명명된 학우들과의 만남은 장애가 나의 문제가 아니라 '장애화하는^{disabling} 사회'의 문제임을 깨우쳐 주었다. 그 앎을 통해 생애 처음으로 해방감을 만끽할 수 있었다. 그러나 해방감도 잠시였다. 특수 교사가 되어 다시 돌

---

[8] 장애라 명명된 학생들이 원적 학급 수업에 참여할 수 있도록 필기나 착석 그리고 과제 수행을 도와주거나 신변 처리와 같은 일상적인 활동을 도와주는 역할을 담당하는 보조 교사이다.

아간 학교는 그다지 달라진 것이 없었다. 장애라 명명된 아이들에 대한 배제를 전제로 발전해 온 학교 구조 속에서 그렇게 배제되었던 아이들이 그 구조에 들어오는 순간 기존 학교 구조의 모순이 여실히 드러났다. 그 모순으로 유발되는 갈등 앞에서 회피하기보다 직면하려 노력함으로써 장애화하는 사회에 대한 문제의식을 학교 사회 변화를 위해 실천하는 계기로 삼을 수 있었다. 그렇게 모순과 갈등이 변화를 위한 소중한 자원임을 체화할 수 있었다.

    마지막으로 나의 삶의 이야기로 프롤로그를 시작하는 이유는 이 책이 어떤 입장 내지는 관점에서 작성된 것인지를 독자들에게 알려 주기 위해서이다. 한편으론 적어도 '내가 저 입장이면 특수교육에 대해 저렇게 말할 수도 있겠다'는 공감을 얻기 위함이고, 다른 한편으론 독자 각자의 입장에서 봤을 때 나의 글에서 드러나는 한계점들을 비판할 수 있는 논쟁 가능성을 열어 놓기 위함이다.

1장

누구를 위해
'장애' 명명은
존재하는가

질문을
바꿔야 한다

들어가며 :
"그 질문과 배려가 반갑지 않다"

"힘든 장애 학생들 돌보느라 고생이 많지?"

일반학교 특수 교사로서 일한 지난 10여 년 동안 학교장이나 동료 교사로부터 귀에 못이 박이게 듣던 질문이다. 엘리베이터가 없는 2층 강당까지 휠체어를 들고 계단을 오르거나 장애 관련 일이라면 배정된 업무 부서나 영역과 상관없는 일이라도 뭐든지 처리해야 하는 나를 걱정하는 마음에 이 질문을 던졌을 것이다. 하지만 그들의 걱정 어린 질문이 마냥 감사하지만은 않다. 학교 사회에서 '장애'라는 명명이 갖는 의미와 그 의미를 배반하지 않는 학교 구성원들의 행동 때문이다. 이에 이번 글에서는 "힘든 장애 학생들 돌보느라 고생이 많지?"라는 질문의 배후에 숨어 있는 의미를 해석해 보고 그 의미가 실제 교육 현장에서 어떤 행동으로 구체화되는지를 살펴보고자 한다. 나아가 학교 구성원들이 진심으로 '장애 학생'을 위하고 특수 교사인 나를 배려하고자 한다면 나의 안부를 묻는 그 질문은 어떻게 바뀌어야 할지도 고민해 보고자 한다.

'힘든 장애 학생'이란 표현은 틀렸다 :
"어떤 아이도 비정상으로 태어나는 경우는 없다"

'힘든 장애 학생'이라는 표현은 장애는 힘들다는 의미를 내포한다. 힘든 이유는 학생 개인의 비정상성 때문이다. 즉, 장애 학생 개인이 비정상적인 신체와 정신을 가지고 있기 때문에 학교생활이 힘들다는 것이다.

하지만 어떤 아이도 비정상으로 태어나는 경우는 없다.[1]

시각적 손상 때문에 눈이 아닌 손이나 귀로 세상을 보는 아이들에게 시각적 손상 자체는 발달의 정상적인 한 조건일 뿐이다. 단지 시력에 기반하여 모양이나 글을 이해하고 특정 위치를 찾아갈 수 있도록 설계된 사회 문화 안에서 '비정상' 내지는 '시각장애 아동'이 되는 것이다. 특정한 심신의 상태를 '정상'이라

---

[1] Knox, J. E., Stevens, C. B. & Gindis, B.(1995), The Collected Workds of LS Vygotsky. Volume 2: The Fundamentals of Defectology(Abnormal Psychology and Learning Disabilities), *American Journal on Mental Retardation*, 100(2), pp. 214-215.

가정하고 '정상 아동'들이 편리하게 사용할 수 있도록 설계된 사회 문화적 환경 때문에 '비정상' 내지는 '장애 아동'이 힘들어지는 것이다. 한 아이가 '시각장애 아동'이 되는 이유는 정상적인 시력이라는 기준과 그 기준에 부합하는 정안正眼 아동 중심으로 설계된 한 사회 때문이므로 '시각장애인'은 '정안인'과의 관계에서만 '시각장애인'이 된다. 마치 그 혹은 그녀가 '흑인'인 이유는 어느 날 아프리카에 '백인'이 출현했기 때문이며 '백인'과의 관계에서만 '흑인'이 되기 때문[2]이라던 파농Frantz Fanon[3]의 말처럼 말이다.

그래서 '힘든 장애 학생'이라는 표현은 틀렸다. '장애 학생'이 힘든 이유는 한 학생이 지닌 신체적 손상 내지는 차이 때문이 아니라 '정상 학생'만을 고려하여 설계된 학교 사회의 구조 때문이다. 바로 '힘든 장애 학생'이라고 말하던 그 학교 구성원들과 그들이 만들어 가는 학교 시스템으로 인해 힘들어지는 것이다.

---

2 프란츠 파농, 이석호 옮김(2013), 《검은 피부, 하얀 가면》, 인간사랑.
3 프란츠 파농(1925~1961)은 프랑스 국적의 흑인 정신의학자 겸 알제리 민족해방전선의 투사였다.

'고생이 많지?'라는 질문도 틀렸다 :
"나의 고생은 정작 당신들 때문이거든요"

'고생이 많지?'라는 표현도 틀렸다. 특수 교사인 내가 일반학교 내에서 고생하는 이유는 학생 개인의 심신의 손상 내지는 차이 때문이 아니다. 개인적 차이에 대해 '할 수 없음'을 뜻하는 '장애'라 명하고 그렇게 명명된 아이들의 교육에 대한 책임을 회피하는 학교장과 동료 교사들 때문에 힘든 것이다. 그들은 장애라 명명된 학생들이 경험하는 힘듦의 원인이 학생 개인 내의 손상에 있다고 믿는다. 그래서 학교 내에서 장애라 명명된 학생 개인의 손상을 치료하고 교정해야 할 임무를 가진 사람은 전적으로 특수 교사이지 자신들은 아니라 생각한다. 장애라 명명된 학생들이 치료와 교정을 통해 정상 학생이 되고 나서야 비로소 그 학생들에 대한 교육적 책임이 있다는 듯 말이다. 그렇게 그들에게 장애라 명명된 학생 관련 문제를 해결하느라 겪는 고생은 모두 특수 교사인 나의 몫이다. 정작 그 고생의 원인이 자신들과 학교 사회 문화에 있음에도 불구하고 '고생이 많지?'라는 안부 인사를 듣고 있노라면 정말 이런 본말전도가 없다는 생각이 든다.

예를 들어, 학교 급식실 공사로 인해 임시 급식실을 사용할 때의 일이다. 임시 급식실에는 기존 급식실과 달리 경사로와 같은 이동 편의 시설이 설치돼 있지 않았다. 이동의 어려움으로 휠체어를 이용해 이동하는 학생들은 급식실이 아닌 학습도움실에서 식사를 해야 했다. 그래서 매일같이 식판을 급식실에서 학습도움실까지 들고 날라야만 했다. 그렇게 식판을 나르던 중 식판의 음식물을 쏟는 일이 있었다. 쏟아진 반찬과 국물로 복도 바닥은 엉망이 되었다. 마침 교직원 식당에서 편안히 식사를 마치고 복도를 지나던 학교장은 "힘든 아이들 때문에 윤 선생이 고생이 많네"라는 한마디를 남기고 유유히 사라졌다. 하지만 그날 내가 그 고생을 했던 이유는 정작 학생의 신체적 손상 때문이 아닌 지체장애라 명명된 아이들이 접근 불가능한 곳에 임시 급식실을 설치한 그의 결정 때문이었다.

학교 사회에서 장애는 학교장 및 일반 교사들이 장애라 명명된 학생들에 대한 책임을 회피하기 위한 근거가 되었다. 나아가 분리와 배제의 합당한 이유가 되었고, 그렇게 분리된 아이들에 대한 모든 책임은 특수 교사의 몫이 되었다.

원적 학급 체육 교사와는 이런 일도 있었다. 어느 날 체육 교사가 나를 불렀다. 그리고는 정서장애라 명명된 한 학생이 너무 산만하여 안전사고가 우려되니 자신의 체육 시간에는 학습도움실에서 돌보고 있어 달라고 부탁했다. 나는 그 부탁을 정중히 거절했다. 대신 체육 시간에 내가 직접 들어가 학생이 체육 수업에 잘 참여할 수 있도록 돕겠다고 제안했다. 그렇게 바쁜 시간을 쪼개 체육 시간에 학생 보조 교사로 들어가던 어느 날, 체육 교사는 나에게 더는 체육 수업에 들어올 필요가 없다 말했다. 그리고 다음과 같은 말을 남겼다. "힘든 애 하나 때문에 윤 선생이 고생이네!"

또 다른 예로, 정서장애라 명명된 한 학생이 다른 학생을 때려 학교폭력위원회에 회부되었을 때의 일이다. 학교폭력위원회는 그 가해 학생에게 일주일간 교내 상담을 받을 것을 명했다. 상담 일정 확인을 위해 상담 교사에게 연락했을 때, 상담 교사는 "장애 학생 상담은 제 업무가 아닌 것 같은데요"라고 말했다. 더불어 특수 교사인 내가 장애 관련 전문성이 높으니 학습도움실에서 알아서 일주일 동안 상담을 진행하라고 말하며 전화를 끊어 버렸다.

그렇게 전가된 책임을 다하려 특수 교사가 충실히 노력하면 할수록 어느 순간 장애라 명명된 학생들에 대한 분리와 배제의 선봉에 서 있게 된다. "힘든 장애 학생들 때문에 고생이 많지?"라는 안부 물음에 위안을 얻으며 말이다. 그나마 학교 구성원들이 알아주니 고맙다고 여겨야 할까. 정작 그들이 만들어 가는 학교 문화와 환경 때문에 장애라 명명된 아이들이 힘들어지고 특수 교사인 내가 그 어려움을 다 감당하려 하니 고생하는 것임에도 말이다. 가장 큰 문제는 그 고생이 장애라 명명된 학생들의 분리와 배제에 기여하고 있음을 자각하지 못한다는 것이다.

그래서 나는 "힘든 장애 학생들 때문에 고생이 많지?"라 묻는 학교장 및 일반 교사들에게 다음과 같이 답하고 싶다. "나의 고생은 정작 당신들 때문이거든요"라고 말이다.

'장애 학생' 대신 '장애라 명명된 학생'으로 :
"'나와 그것'에서 '나와 너'의 관계로 나아가는 존재 긍정적 언어"

'장애 학생'이란 표현은 학생 자체를 장애와 동일시하게 만든다. 본래 이동할 수 없고, 들을 수 없으며, 이해할 수 없는 비정상적인 학생으로 말이다. 할 수 없는 비정상적인 신체를 타고 태어났기 때문에 정상적인 신체를 타고난 학생들과 다른 것은 물론이고 교사인 나와도 다르다고 생각하기 쉽다. 그래서 교사로서 정상인 나는 비정상 내지는 열등한 그들을 소홀히 대하게 된다. '나'와 같은 한 사람으로서 '너'가 아닌 이방인 stranger 으로서 '그들'과 관계하게 되는 것이다.[4] 달리 말해, '장애 학생' 내지는 '장애인'이라 한 사람을 명하는 순간 '나와 너 I and You'가 아닌 '나와 그것 I and It'으로 관계하게 되는 것이다.[5]

몇 년 전 구청 사회복지사로 일하던 뇌병변장애라 명명된 한 지인과 저녁 식사를 같이 할 일이 있었다. 오랜만에 만나 안부 인사 겸 직장 생활에 관해 묻는 나의 질문에 그 지인은 크게 한숨부터 내쉬었다. 그렇게 한숨 섞인 목소리로 "상사가 일거리를 주지 않을 뿐 아니라, 동료들마저 나에게 잘 말을 걸지 않아 마치 사무실 한구석에서 자리만 멍하니 지키고 있는 '캐비닛'이 된

---

4 Kristeva, J.(1991), *Strangers to ourselves*, Columbia University Press.
5 마르틴 부버, 표재명 옮김(2001), 《나와 너》, 문예출판사.

느낌"이 든다며 자신의 직장 생활을 한탄했다. 그 지인의 한탄은 '장애'라는 명명이 어떻게 한 사람을 후배나 동료로서 '너'가 아닌 캐비닛과 같이 '그것'으로 관계하게 만드는지를 잘 보여 준다.

나아가 '손상' 내지는 '비정상'과 같은 부정적 의미를 내포하는 '장애'와 한 학생을 동일시할 때 이방인인 그 학생을 향한 학대 가능성은 더욱 커지게 마련이다. 특수학교 내 장애라 명명된 학생을 향한 특수 교사에 의한 학대 사건과 관련하여 '자기 자식이라면 그렇게 할 수 있었을까?'라는 의문을 제기하는 사람들이 많다. 이 말 속에는 나의 일부로서 나의 자식인 '너'는 '그것'이 아닌 '나'와 같은 한 사람으로 여겨지기 때문에 서로 공감하고 좋은 관계를 만들기 위해 더 많은 노력을 기울여야 한다는 의미를 내포한다. 하지만 '나'의 일부 내지는 나와 동등한 한 사람으로서 '너'가 아닌 '장애'라는 '그것'으로 한 학생을 명명할 때, 그 학생은 '물건'처럼 쉽사리 함부로 해도 되는 존재가 되는 것이다. 이런 이유로 장애라 명명된 학생을 향한 학대 사건이 끊이지 않는 것은 아닐까? 장애라 명명된 아이들을 향한 학대가 비장애 아이들보다 3배 이상 높다는 한 연구 결과[6]를 보더라도 이러한 의문은 합리적 의심이 아닐 수 없다.

---

6 Jones, L., Bellis, M. A., Wood, S., Hughes, K., McCoy, E., Eckley, L. & Officer, A.(2012), Prevalence and risk of violence against children with disabilities: a systematic review and meta-analysis of observational studies, *The Lancet*, 380(9845), pp. 899-907.

어느 날 학교 앞 버스 정류장에서 급히 버스를 타기 위해 달려가는 철수(가명)를 향해 한 무리의 아이들이 이구동성으로 "야, ADHD 지나간다! ADHD!"라며 큰소리로 외치는 것을 우연히 듣게 되었다. 철수가 자신의 이름 대신 의료적 진단명인 'ADHD'로 불렸던 것이다. 이는 단순히 철수가 ADHD라는 놀림을 당하는 것에 그치지 않았다. 바로 괴롭힘과 폭력으로 이어졌다. 같은 반 친구들이 급식 시간에 밥 먹던 철수에게 다가와 철수 식판에 있던 도넛을 묻지도 않고 가져간다거나 복도를 지나던 철수에게 일부러 어깨를 부딪치거나 철수의 발을 거는 등 다양한 형태의 괴롭힘과 폭력이 일상적으로 일어나곤 했다.

특정 손상을 지닌 학생이 할 수 없도록 장애화하는disabling 학교 사회가 역설적이게도 그 학생을 '장애 학생'이라 명하며 '할 수 없는 학생'으로 낙인stigma찍는다. 그 부정적 낙인은 주홍글씨가 되어 낙인찍힌 학생을 학교 사회의 구성원 중 한 명이 아닌 이방인으로 타자화시킨다. 그렇게 '나'와 같은 '너'가 아닌 '그것'으로 타자화시킴으로써 그 학생들을 향한 분리와 배제 그리고 학대는 정당화되는 것이다.

분리와 배제 및 학대를 야기하는 '장애'는 학생 개인의 손상 내지는 차이 그 자체가 아니라 학교 사회가 부여한 것이라는 점에서, '장애 학생' 대신 '장애라 명명된 학생'이란 표현을 사용할 것을 제안한다. 장애라 명명된 학생이라는 표현은 장애와 학생을 떨어뜨려 생각할 수 있는 여지를 남겨 둔다. 그래서 장애라 명명된 학생들도 '나'와 같은 한 사람으로서 느끼고 소통하며 인정받고자 하는 '너'임을 학교 사회가 잊지 않는 데 기여할 것이다. 역지사지의 입장에서 장애라 명명된 학생들의 인정과 참여의 욕구를 이해함으로써 그 학생들을 향한 차별을 방지하는 데도 기여할 것이다. 또한 학생 개인의 입장에서 봤을 때, '할 수 없음'을 뜻하는 부정적 의미의 '장애'를 자기 자신과 떨어뜨려 생각할 수 있는 여지를 남김으로써 장애 자체가 나 자신이 아님을 인식하는 계기를 제공할 것이다. 즉, 장애라 명명된 학생 스스로 자신의 존재를 긍정할 기회를 마련해 줄 것이다.

'고생이 많지?' 대신 '내가 무얼 할까?'로 :
"책임 회피가 아닌 적극적 태도로 질문을 바꾸어야 한다"

장애라는 명명이 비록 법적으로는 특정 손상을 지닌 학생에게 특별한 교육적 지원을 제공하기 위해 부여되는 것일지라도, 실제 학교 현장에선 특정 손상을 이유로 일상적인 학교 활동으로부터 한 학생을 빈번히 분리하고 배제하는 근거로 사용된다. 즉, 한 학생에게 장애 명명이 부여되는 순간 학교 구성원들은 그 모든 책임을 특수 교사에게 전가하고 학습도움실이라는 외딴섬으로 학생을 분리 수용하는 것을 당연시한다. 정작 장애라 명명된 학생들이 학교 활동을 수행하거나 참여할 수 없는 이유의 중심에 자신들이 있음에도 말이다.

  이에 장애라 명명된 학생을 향한 분리와 배제를 해소하기 위해서는 더 많은 책임이 학교 구성원들 사이에 공유되어야 한다. 그래서 특수 교사를 향한 그들의 질문이 바뀌어야 한다. '고생이 많지?'에서 '내가 무얼 할까?'로 말이다. 일반학교 구조는 역사적으로 장애라 명명된 학생들을 배제한 채 교수-학습 환경을 구축해 왔다. 그렇게 구축된 교수-학습 체계 속에서 오랫동안 배제된 학생들의 출현은 학교 교육 환경 및 수업 문화 전반에 대한 리모델링을 요구한다. 이 리모델링을 위해서는 장애라 명명된 학생들의 교육적 요구에 맞게 설계도를 그리는 학교 구조 설계사와 학교 구조의 각 부분을 설계도에 맞게 변경하는 기술자가 필요하다. 특수 교사가 장애라 명명된 학생의 교육 활동 수행 및 참여를 위해 필요한 인적, 물적 자원을 계획하고 조직하는 설계자 역할을, 학교장과 일반 교사들은 학교 구조의 각 부분을 설계도에 맞게 변경하는 기술자 역할을 맡을 수 있을 것이다. 설계도에 맞게 학교 구조의 리모델링이 잘 이루어지기 위해서는 무엇보다 학교 구성원 개개인의 의지와 노력이 중요하다. 그 노력을 위한 첫 질문이 '내가 무얼 하면 좋을까?'인 것이다.

나가며

 이번 글에서는 '누구를 위해 '장애' 명명은 존재하는가'에 대해 논의해 보았다. '장애' 명명은 특정 손상 내지는 차이를 지닌 한 학생을 '할 수 없도록' 만드는 학교 사회 구조를 은폐하고 그 책임을 학생 개인에게 전가하기 위해 그 학생에게 부여된 것이다. 그렇게 부여된 장애 명명은 학교 구성원들이 한 학생을 분리하고 배제하며 심지어 학대하는 것을 정당화하는 근거가 된다. 이 원인과 결과의 뒤바뀜을 바로잡고 차별을 방지하기 위해서는 특수교사를 향한 학교 사회 구성원들의 질문을 바꿔야 한다는 결론에 이르렀다. 바로 '힘든 장애 학생 돌보느라 고생이 많지?'에서 '장애라 명명된 학생을 위해 내가 무얼 할까?'로 말이다.

 다음 글에서는 '누구를 위해 '특수학교'는 존재하는가'에 대해 논의해 보고자 한다. 비록 특수학교가 장애라 명명된 학생을 향해 직접적으로 어떠한 폭력을 가할 수는 없지만, 그 존재 자체가 장애라 명명된 학생을 교육에서 분리하고 배제하며 학대하는 데 간접적으로 기여하는 것은 아닌가에 대해 논의해 보고자 한다. 달리 말해, 장애라 명명된 학생을 위한다는 명분으로 설립된 특수학교가 역설적이게도 장애라 명명된 학생을 차별하는 구조적 폭력의 중심에 서 있는 것은 아닌지 의문을 던지고자 한다.

2장

누구를 위해 '특수학교'는 존재하는가

구조적 폭력으로서 특수학교(급)

들어가며 :

"특수학교를 개선하기보다 폐쇄하는 것이
 더 근본적인 대책은 아닐까?"

   지난 2011년 개봉한, '광주인화학교 성폭력 사건'을 다룬 영화 〈도가니〉는 우리 사회를 큰 충격에 빠뜨렸다. 일부 가해자들에 대한 솜방망이 처벌로 끝날 것 같던 사건은 당시 전 사회적 관심에 힘입어 관련자 전원에 대한 전면 재수사 및 형사 처벌로 이어졌다. 그리고 광주인화학교가 문을 닫으면서 특수학교 폭력 사건은 우리 사회에서 발붙일 곳이 없을 줄 알았다. 하지만 2018년 7월, 강원 태백미래학교[1]에서 교사에 의한 장애라 명명된 학생 성폭력 사건을 시작으로 같은 해 서울 교남학교, 서울

---

1 현 태백라온학교. 학생 성폭력 사건을 계기로 2019년 공립 학교로 전환, 2021년 학교명이 바뀌었다.

인강학교[2], 그리고 세종누리학교 등 여러 특수학교에서의 교사나 사회 복무 요원에 의한 폭력 사건이 연이어 언론을 통해 알려졌다. 불과 몇 해 전에도 경북 구미의 한 특수학교 학생이 교사 체벌로 쓰러져 혼수상태에 빠졌다는 언론 보도가 있었다.[3] 이렇듯 특수학교 내 폭력 사건은 여전히 현재 진행형이다.

특수학교 폭력 사태가 충격적인 이유는 특수학교만큼은 장애라 명명된 아이들에게 가장 안전한 공간일 것이라는 믿음에 대한 배신감과 사회적으로 가장 취약한 대상을 향한 폭력에 대한 분노 때문일 것이다. 그 배신감과 분노는 가해 교사와 사회 복무 요원의 악마성과 특수학교 종사자 전반의 집단적 부도덕성에 대한 신랄한 비난으로 이어진다.

비난 여론이 높아지자 장애라 명명된 아이들을 향한 특수학교 내 폭력을 감시하고 사건 발생 후 은폐를 막기 위한 특수학교 내부 구조 개선책들이 제시되기도 했다. 교육 당국은 특수학교 인권 실태 전수 조사를, 부모단체들은 사립 특수학교를 공립으로 전환하는 것을, 그리고 일부 부모들과 국회의원들은 특수학교 교실 내 CCTV 설치 의무화를 제안하였다.

---

[2] 현 서울도솔학교. 2018년, 교사와 사회 복무 요원들이 수년간 학생들을 학대한 사건이 알려진 후 서울시교육청은 공립으로 전환하기로 결정, 2019년 9월 명칭이 바뀌었다.
[3] "경북 구미 특수학교 장애 학생 혼수상태…학교폭력 의혹", 〈뉴스민〉, 2020년 12월 3일.

하지만 과연 현재의 특수학교에 대한 감시를 강화하고 운영 여건을 개선하는 것이 장애라 명명된 아이들을 향한 특수학교 내 폭력을 예방하기 위한 대책이 될 수 있을까? 차라리 특수학교를 개선하기보다 폐쇄하는 것이 더 근본적인 대책은 아닐까? 나는 오늘 이 급진적 의문에 대한 나름의 답을 찾아보고자 한다.

모든 특수학교를 폐쇄한 노르웨이 :
"특수학교 개선만으로는 특수학교 폭력 사건을 해결할 수 없다"

1970년대 노르웨이에서도 발달장애라 명명된 이들을 수용하는 시설과 특수학교에서의 학대 사건이 큰 이슈가 되었다. 노르웨이 정부는 전국적인 조사를 통해 기존의 거주 시설과 특수학교 환경을 개선하는 것만으로는 문제를 해결하는 데 실효성이 없다는 결론에 이른다. 이 보고서를 근간으로 기존의 시설과 특수학교를 폐쇄하기 위한 법령을 만들고 법령에 근거하여 1993년 대다수의 특수학교와 시설이 문을 닫았다.[4] 그와 동시에 〈특수학교법〉을 폐기하고 특수교육 관련 조항들을 〈초·중등교육법〉에

---

4 Meyer, J.(2003), A non institutional society for people with developmental disability in Norway, *Journal of Intellectual and Developmental Disability*, 28(3), pp. 305-308.

편입시켰다.[5]

그렇다면 노르웨이 정부는 왜 특수학교를 개선하는 것만으로는 특수학교 폭력 사건을 해결할 수 없다는 결론에 이른 것일까? 그것은 특수학교 종사자 개인에 의한 폭력 행위의 배후에 가시적으로 드러나지 않지만 특수학교라는 구조적 그리고 상징적 폭력이 있을 수 있음에 대한 노르웨이 사회 구성원들의 치열한 토론과 반성의 산물이었다.

구조적 폭력으로서 특수학교 :
"개인 중심 능력을 기준으로 일등 시민과 이등 시민을 나누는 폭력성이 낳은 참사"

직접적 폭력을 행사한 개인을 놓아두고 왜 애먼 특수학교 탓을 하느냐는 반론을 제기할 수도 있다. 다시 말해, 악마적 개인은 따로 있는데 장애라 명명된 아이들을 위해 좋은 취지로 만든 특수학교 자체가 무슨 잘못이냐고 말이다.

하지만 문제는 그렇게 간단하지 않다. 왜냐하면, 끊이지 않는

---

5 Ogden, T.(2014), Special needs education in norway-the past, present, and future of the field, In M. Tankersley, B. G. Cook, & T. Landrum(Eds.), *Special education past, present, and future: perspectives from the field*(pp. 213-238), Emerald Group Publishing Limited.

특수학교 폭력 사건은 우리 사회가 가지고 있는 개인 중심 능력관과 그 능력을 기준으로 일반학교와 특수학교로 나누고 분리하는 구조적 폭력성[6]이 낳은 참사이기 때문이다. 다수의 사람들은 특수학교가 차이에 따른 다양성을 존중하고 포용하기 위해 존재한다고 믿는다. 표면적으로는 다양성을 배려하기 위해 설립된 '특별한' 학교처럼 보일지도 모르겠다. 하지만 특수학교는 실상 개인 중심 능력관과 그 능력관에 따라 설계된 학습 구조에 맞지 않는 아이들을 열등한 존재로 선별하기 위해 존재해 왔다. 그렇게 선별된 아이들을 일반학교에서 분리하는 제도적 장치로서 특수학교는 존재한다. 이는 동서양을 불문하고 크게 다르지 않다.

지금은 그 옷을 좀 더 세련되게 갈아입었지만 1970년대까지만 해도 '미국 정신지체 협회(AAMR)'[7]에서는 개인 중심 능력 측정의 척도이기도 한 IQ 검사 결과를 기준으로 '교육 가능한educable' 아이와 '교육 불가능한uneducable' 아이로 나누고, 교육이 불가능한 것으로 판정된 아이들은 보호 중심의 집단 거주 시설이나 특수학교로 보냈다. 현재는 미국을 비롯하여 한국에서도 특수교육 대상자 분류 기준 및 특수학교 배치 사유가 IQ와 무관하게 부모의 선택권이라는 그럴듯한 명분으로 포장되어진다. 하

---

6 슬라보예 지젝, 정일권 외 옮김(2011),《폭력이란 무엇인가》, 난장이.
7 American Association on Mental Retardation의 약자로 현재는 '미국 지적장애 및 발달장애 협회(AAIDD: American Association on Intellectual and Developmental Disabilities)로 명칭을 변경함. 사이트 www.aaidd.org 참조.

지만 IQ를 중심으로 교육 가능성을 판단 및 분류함으로써 특수학교로 분리하는 사회적 제도는 여전히 유효하다.

그렇다면 개인의 능력을 기준으로, 한 존재를 분류하고 분리하는 제도적 장치라는 사회적 구조가 어떻게 개인적 폭력을 야기하는 것일까? 요즘에야 조금 나아졌다고 하지만 과거에는 실업계고등학교[8]에 진학한다고 하면 주변 사람들의 온갖 무시와 편견에 시달려야 했다. 그렇게 한 개인의 학업 능력에 근거한 무시와 멸시는 우리 사회에서 암묵적으로 용인되었다. 그래서 실업계고 교복 자체가 부끄럽게 느껴지던 시절이 있었다. 또 다른 예로 동물을 대하는 우리의 태도에 대해 생각해 보자. 많은 사람들에게 동물은 여전히 내 가족이나 친구들과 같이 존중해야 할 대상이기보다는 함부로 대해도 되는 존재로 여겨진다. 최근 반려동물에 대한 사회적 인식은 많이 달라졌지만 여전히 대다수의 동물은 인간의 배를 불리기 위해 비좁고 더러운 사육장에서, 눈요기를 위해 감옥 같은 철창에 갇힌 동물원에서 고등 동물을 자처하는 인간과 달리 함부로 다루어지기 일쑤다.

열등한 존재에 대한 무시와 혐오 그리고 개인적 능력을 증명해야만 존중받을 수 있는 구조적 모순과 폭력은 미국에서의 흑인 차별에서 잘 드러난다. 1950년대까지 미국에서 흑인들은 공공장소에서 백인들과 분리된 공간을 사용해야 했을 뿐 아니라

---

8 현재 특성화고등학교로 명칭을 변경함.

일상적이고 공공연한 혐오와 폭력에 시달려야 했다. 이 모든 것이 우생학이라는 과학의 이름으로 열등한 존재로서 흑인들에 대한 백인 개인들의 폭력이 수용되는 (개인) 능력 중시 사회 문화가 낳은 산물이었다. 그 후 흑인들의 저항에 힘입어 우생학은 공식적으로 그 힘을 잃었다. 그럼에도 흑인들은 자신들의 사회적 성공담을 통해 개인적 무능력함을 반박하고 나서야 백인들과 동등한 권리를 요구할 수 있었다. 여전히 미국 사회에서 흑인에 대한 혐오와 차별이 만연한 현실을 되돌아볼 때, 개인의 능력을 기준으로 사람을 나누고 차별하는 한 사회의 뿌리 깊은 구조적이고 비가시적인 폭력의 생명력은 질기다고 할 수 있다.

특수학교 폭력 사건들로 돌아와 생각해 보면, 이른바 '하등 시민'들만을 모아 놓은 특수학교라는 공간에서 혐오와 폭력은 어찌 보면 예견된 일일지는 모른다. 그것도 권력의 불균형이 명백한 어른과 아이의 관계라면 이루 말이 필요하겠는가?

다시금 이 글의 질문으로 돌아가 보자. 특수학교 내 폭력 사건들이 아무리 특수학교라는 제도가 갖는 구조적 폭력성에 기인한다고 할지라도, 악마적인 개인들을 감시 및 처벌하는 것으로 해결할 수는 없는 것인가?

제2차 세계대전 당시 독일 내 유대인 수용소에 감금되었다가 극적으로 탈출한 한나 아렌트는 〈뉴욕타임스〉의 요청으로 제2차 세계대전 당시 유대인 학살을 진두지휘했던 아이히만의 전범 재판 과정을 연재하기 위해 전 과정을 참관한다. 그리고 다음과 같은 결론에 이른다. 악은 특정 개인의 악마성 때문에 발생하는 것이 아니라 그저 자신이 속한 사회를 유지하고 발전시키라는 제도적 명령에 맹목적으로 충실하고자 하는 일상을 살아가는 평범한 개인들에 의해 일어날 수 있다고 말이다. 마치 전범 아이히만이 나치 독일 사회의 안녕을 위해 한 명의 군인이자 공무원으로서 당시 독일 사회의 제도적 명령에 최선을 다했을 뿐인 것처럼. 아이히만도 실상 자신의 가정으로 돌아가면 따뜻한 아버지이자 남편이었고 친절한 이웃이었다. 한나 아렌트는 아이히만의 사례를 통해 악은 악마적 개인에 의한 일탈이기보다 그 개인이 속한 사회의 구조에 의해 개인의 평범한 손을 빌려 그 모습을 드러내는 것임을 발견한다. 그리고 이러한 개인적 폭력을 조장하는 사회 구조적 폭력을 '악의 평범성'이라 명했다.[9]

그래서 개인 중심 능력을 기준으로 하등 시민으로 분류하고 분리하는 제도적 장치로서 특수학교의 유지와 발전에 특수학교 종사자 한 명 한 명이 충실하면 충실할수록 역설적이게도 그 구조가 양산하는 개인적 혐오와 폭력성을 조장하는 데 기여할 가능성은 높아질 수밖에 없다. 이는 일상의 평범한 특수학교 종사자 개개인이 특수학교라는 제도와 구조가 강요하는 명령을 거부하기란 더더욱 어렵다는 점에서 그 종사자 개인의 악마성에 집중하는 것의 한계가 명확함을 잘 보여 준다.

---

9 한나 아렌트, 김선욱 옮김(2006), 《예루살렘의 아이히만》, 한길사.

상징적 폭력으로서 특수학교 :

"특수학교를 넘어 일반학교 내 분리와 혐오를 조장하는
 상징적 폭력으로 작동"

더욱이 '특수학교'라는 상징적 용어 자체가 일반학교 내 장애라 명명된 학생들을 향한 폭력을 조장한다. 즉, 특수학교는 눈에 드러나지 않는 상징적 폭력[10]으로서 일반학교 내에서의 분리와 혐오를 조장하기도 한다. 예를 들어, 내가 일하던 일반학교의 동료 교사나 교장은 "그 특수반 아이는 특수학교로 가면 더 행복할 텐데 왜 굳이 일반학교에 와서 고생하는지 모르겠어"라는 질문을 가끔 나에게 던지곤 했다. 이 질문은 장애라 명명된 자녀를 일반학교로 진학시키려던 부모에게 입학 거부라는 부메랑이 되기도 한다. 이 슬픈 현실을 나는 입학 상담을 위해 찾아오신 한 학부모님의 눈물로 체감할 수 있었다. 그는 장애라 명명된 자녀의 일반 고등학교 입학 상담을 위해 여러 학교를 방문했는데 자녀가 '장애가 중한(1급)' 아이라고 말하는 순간 받아 주겠다고 하는 학교가 한 곳도 없었다고 했다. 모두 특수학교로의 진학을 권유할 뿐이었다. 그러던 중 학교 입학에 대한 긍정적 응답을 나에게 들으시고는 그간의 슬픔이 밀려와 덜컥 눈물을 보인 것이다.

마지막으로 특수학교의 상징적 폭력성은 일반학교 내 학생들

---

10 슬라보예 지젝(2011), 앞의 책.

의 일상에서 여실하게 드러난다. 예를 들어, 여럿이 길을 가다 한 친구가 발을 헛디뎌 넘어지는 경우 그 친구의 실수를 조롱하기 위해 특정 특수학교 이름을 거론하며 "야, 너 은하수(가칭)냐?"라고 놀리는 식이다.

  일반학교 관계자들은, 말로는 장애라 명명된 학생의 행복을 거론하지만 실상은 일반학교 구조에 부적합하거나 열등하게 여겨지는 존재들을 특수학교라는 제도를 통해 분류하거나 분리하고 싶은 것이다. 그 욕망은 특수 교사들의 입을 빌어 입학 상담을 온 학부모에게 특수학교로의 적극적 입학 권유 내지는 일반학교로의 소극적 입학 거부를 표현하는 것으로 현실화하였을 뿐이다. 나아가 아이들은 그러한 학교장 및 교사들의 장애라 명명된 이등 시민들에 대한 분류와 분리에 대한 욕망을 쉽사리 알아차렸을 뿐이다. 그리고 아이들은 어른들의 입을 대신하여 한 사람을 비하하고 조롱하는 상징적 폭력으로서 특수학교의 존재성을 습득한 것이다. 이렇게 특수학교라는 구조적 폭력성은 장애라 명명된 아이들을 향한 일반학교 내 구별 짓기와 혐오를 조장하는 상징적 폭력으로 작동하게 된다.

나가며

결론적으로 장애라 명명된 아이들을 향한 특수학교 내 폭력 사건은 특수학교 구성원에 대한 감시와 특수학교 운영 구조의 개선만으로는 해결되지 않는다. 특수학교라는 구조적이고 상징적인 폭력 장치가 존재하는 한, 특수학교 내부는 물론이고 일반학교에서 장애라 명명된 아이들을 향한 개인들의 혐오와 폭력은 멈추지 않을 것이기 때문이다. 그래서 지금 우리에게 시급한 대책은 특수학교 폐쇄와 우리 사회가 가지고 있는 기존의 개인 중심 능력관에 대한 검토와 반성이 아닐까?

다음 글에서는 '누구를 위해 '특수 교사'는 존재하는가'에 대해 논의해 보고자 한다. 대다수의 사람들은 일반학교 내에서 특수 교사가 장애라 명명된 학생들의 통합 교육을 지원하기 위해 존재한다고 생각한다. 하지만 실제 일반학교에서 특수 교사들의 역할은 이 글에서 언급한 것과 같이 '장애가 중한' 아이들이 접근하지 못하도록 일반학교의 문을 지키고 서 있는 것은 아닌지 고민해 보고자 한다. 나아가 일반학교라는 좁은 문을 통과한 아이들마저 일반학급으로 진입하는 데서 역설적이게도 특수 교사라는 존재로 인해 어려움을 경험하게 되는 것은 아닌지에 대해서도 논의해 보고자 한다. 다음 글의 의도는 특수 교사 개인을 탓하고자 함이 아니라 자신의 의지와 무관하게 장애라 명명된 학생들의 일반학교(급) 진입에 있어 '문지기' 역할을 수행하게 되는 특수 교사의 존재 자체에 대해 성찰하고자 함임을 사전에 밝힌다.

3장

누구를 위해
'특수 교사'는
존재하는가

문지기로서
'특수' 교사

들어가며 :
"갇힌 한 존재로서 '특수' 교사가 다른 갇힌 존재로서
'장애'라 명명된 학생을 이해하고자 하는 불안정한 시도"

내가 믿는 건 내 가슴뿐이야. 난 내 젖가슴이 좋아. 젖가슴으론 아무 것도 죽일 수 없으니까. 손도, 발도, 이빨과 세 치 혀도, 시선마저도, 무엇이든 죽이고 해칠 수 있는 무기잖아. 하지만 가슴은 아니야.[1]

가슴은 아무것도 해치지 않는다. 하지만 가슴을 바라보는 시선과 세 치 혀들은 가슴을 여성을 해치는 것으로 만들어 버렸다. 이런 사실은 불편하다. 남성 문화를 공유하고 있는 한 사람으로서 말이다. 하지만 이런 불편함은 '정상'인 중심의 문화 속에서 내가 '장애'인이라는 존재임이 매번 드러나는 경험으로 인해

---

1 한강(2007),《채식주의자》, 창비, 43쪽.

상쇄된다. 오히려 그녀들의 심경을 이해할 접점이 만들어지기도 한다. 사회가 만든 '장애'라는 명명과 구조에 갇힌 한 존재로서 '여성'에 갇힌 한 존재를 이해하려는 나의 시도는 불안정하지만, 서로에 대한 공감의 가능성을 열어 준다. 그렇게 나를 가두고 있는 사회-문화-역사적 제도의 굴레와 직면하고 나서야 우리는 비로소 타인에게 주어진 굴레들을 이해할 수 있게 되는 것이다.

우리는 누구도 오랫동안 다져진 사회적 제도와 규범에서 자유로울 수 없다. 하지만 내가 속한 사회적 제도와 그 제도가 나에게 요구하는 규범을 직시하는 일은 생각만큼 그리 간단하지 않다. 때론 자신에게 주어진 규범을 부정하고 나서야 비로소 자신은 물론이고 그 규범으로 인해 갇혀 버린 타인을 긍정할 수 있게 된다. 그래서 불편하다는 이유로 나에게 주어진 규범을 직시하는 일을 회피하거나 게을리하는 순간 우리의 말과 행동 그리고 시선마저도 누군가에겐 폭력이 될 수 있다. 달리 말해, 한 개인이 속한 사회가 그 개인 자신에게 부여한 역할에 무비판적으로 성실히 따르고자 하는 나 개인의 선한 의지가 타인에 대한 차별과 배제를 고착화하는 데 기여할 수도 있다. 그러므로 동정과 시혜가 아닌, 당신의 해방과 나의 해방이 서로 연결되어 있음에 대한 자각과 연대를 실천[2]하기 위해, 무엇보다 나에게 부여된 사

---

2 해리 클리버, 이원영·서창현 옮김(1998), 《사빠띠스따 – 신자유주의, 치아빠스 봉기 그리고 사이버스페이스》, 갈무리.

회적 제도와 규범을 직시하고 비판적으로 이해하는 노력이 전제되어야 한다. 만약 그 규범이 타자를 부정하도록 강요한다면 그 부정을 부정하고 나서야 비로소 타자는 물론이고 나도 긍정할 수 있게 되는 것이다. 부정의 부정은 긍정이니 말이다.[3]

이에 장애라 명명된 학생을 향해 차별과 배제가 아닌 공감과 연대를 실천하고자 하는 '특수' 교사라면 무엇보다 학교 사회의 제도와 특수 교사라는 규범에 갇힌 한 존재로서 나를 직시하고 이해하고자 하는 노력을 게을리해서는 안 된다. 거기서부터 장애라 명명된 학생들을 이해하고자 하는 불안정한 시도의 첫발을 딛게 된다.

이번 글에서는 학교 사회 속에서 특수 교사가 어떤 역할을 수행하고 있는지를 논의해 보고자 한다. 특히, 자본주의 사회에서 계급 간 격차를 정당화하기 위한 제도로서 학교와 그 학교 제도가 특수 교사에게 기대하는 행동 규범은 무엇인지 비판적으로 논의해 보고자 한다. 다음으로 만약 자본주의적 학교 제도와 그 제도가 특수 교사에게 부여한 규범이 역설적이게도 장애라 명명된 학생의 존재 자체를 부정한다면, 학생과 교사 모두를 긍정하기 위해 우리는 어떤 부정을 감행해야 하는지 제안해 보고자 한다.

이 모든 논의와 제안은 장애라 명명된 학생들을 향한 모순으

---

[3] 녹두편집부 엮음(1985), 《세계철학사 Ⅱ - 변증법적 유물론》, 녹두.

로 가득한 학교 사회 속에서 그 모순을 부정하고 나서야 비로소 학생과 교사 모두를 긍정할 수 있다는 철학과 믿음[4]을 지닌 한 장애라 명명된 특수 교사 개인의 생각과 실천의 산물임을 밝힌다.

계급 격차를 정당화하는 자본주의 학교 제도 :
"사회 속에서 얻은 능력을 개인화시키기 위한 학교 사회"

한 학생의 '할 수 있음' 내지는 '능력'이라는 것이 자본주의 사회에서 부모의 사회 경제적 배경과 분리할 수 없다는 사실은 누구나 다 안다. 그렇게 능력은 한 개인의 것이 아니라 그 개인에게 주어진 사회 문화적 조건에 의존하는 것이다. 예를 들어, 시각적 자료 입력과 출력에 기반한 윈도우 운영 체제를 쓰는 환경에서 컴퓨터 활용 능력을 갖추기 위해서는 적어도 시각적 정보를 읽고 쓸 수 있어야 한다. 하지만 눈이 아닌 손과 귀로 세상을 보는 학생에게 윈도우 환경에 기반한 컴퓨터 활용 교육 맥락은 그 학생을 '할 수 없는' 학생 내지는 '장애' 학생으로 만든다. 만약 이 학생에게 컴퓨터 화면을 읽어 주는 프로그램이 내장된 컴퓨터를 준다면 이 학생은 컴퓨터 활용 능력이 있는 학생이 될 수 있다.

---

4 녹두편집부 엮음(1985), 앞의 책.

그러므로 능력이란 사회 문화적 조건이라는 맥락context 의존적 활동의 산물이다.

하지만 자본주의 시스템에서 학교 사회는 능력을 사회 문화로부터 탈맥락화decontextualization시키는 데 기여한다. 자본주의 사회는 수많은 노동자들의 노동의 결과로 얻어진 잉여 가치 내지는 이익을 자본가 개인의 노력이나 능력의 결과로 돌림으로써 그 유지가 가능해진다. 즉, 노동자와 자본가 계급 간의 사회 경제적 격차는 결국 개인의 노력이나 능력의 차이임을 모든 사람이 수용할 때 노동자는 자본가의 수익을 위해 저항이나 갈등 없이 봉사할 수 있게 된다. 이처럼 자본주의가 잘 작동할 수 있도록 하기 위해 학교는 시험이나 각종 표준화된 평가 기준을 만들고 그 평가 결과가 곧 개인의 능력으로 받아들여지도록 하는 기능을 수행한다. 그렇게 학교는 사회 속에서 얻은 능력을 탈맥락화시킴으로써 개인의 소유로 만든다. 그리고 능력은 개인 노력의 산물이므로 노력의 대가로서 능력에 따른 차별화된 대우를 당연한 것으로 학생들이 받아들이는 데 학교는 기여한다. 결국 능력과 연결된 사회 문화적 조건에 대한 불만과 그 불만으로 인한 갈등은 무의미한 것이 된다.

사회적 조건이나 지원으로부터 자유로워진 능력은 역으로 '능력 없음' 내지는 '장애'의 원인을 개인 안에서 찾는 것을 당연한 것으로 만든다. 그리고 개인이 타고난 신체적 조건 때문에 일반학급에서 배움을 함께할 수 없는 것이지, 일반학급이 가지고 있는 환경적 조건 때문에 장애라 명명된 학생이 함께할 수 없는 것이 아니라고 받아들이게 한다. 그렇게 학교 사회에서 탈맥락화되고 개인화된 능력에 따른 분리·차별 시스템이 제도화된 이상, 장애라 명명된 학생 개인을 직접적으로 억압할 필요는 사라지게 된다. 모두가 그 분리와 차별에 순응하는 한 말이다. 마치 억압을 위한 시스템이 제도화된 이상, 개인을 억압할 필요는 사라지듯 말이다.[5]

학교 사회 제도가 특수 교사에게 부여한 규범 :
"학교 사회를 보호하기 위한 '문지기'로서 특수 교사"

정상을 판정하는 재판관이 어디에나 존재한다. 우리는 교사가 재판관이고, 의사가 재판관이고, 교육자가 재판관이고, 사회복지사가 재판관인 사회에 살고 있다. 그들이 규범이라는 보편적 영역의 기초를 형성한다. 그리하여 각 개인은 언제 어디서든 자신의 신체와 몸짓, 행동, 기질, 성취를 그 규범에 맞추게 된다.[6]

---

5 Kennedy, F.(1970), Institutionalized Oppression vs. the Female. In R. Morgan(Ed.), *Sisterhood Is Powerful*, Penguin Random House.
6 Foucault, M.(1977), *Discipline and Punish: The Birth of the Prison*, Random House, p. 304.

전통적으로 특수교육은 심리학이나 의학적 지식이 설정한 '정상'이라는 범주에서 벗어나는 비정상으로서 장애라 명명된 학생을 분류, 선별, 교정, 치료하는 기능을 담당해 왔다. 달리 말해, 비정상을 찾아내어 여기에 장애라는 이름표를 붙이고 '정상' 학생으로부터 분리하여 정상이라는 기준에 이 학생들을 맞추기 위해 교정하거나 치료하는 역할이 전통적으로 특수 교사에 부여되었다.

특수 교사에게 부여된 역할 또는 규범은 학교 사회의 '정상성 normality'을 보호하기 위한 문지기로, 학교 현장에서 다음과 같은 형태로 실현된다. 특수 교사는 '정상' 학생들에 맞추어 설계된 일반학급의 '정상' 수업 및 생활 규범을 유지하고 관리하는 데 방해가 되는 정도에 따라 '장애'라 명명된 학생을 '특수'학급으로 분리하는 시간의 양을 결정한다. 나아가 학교 사회의 '정상성'을 유지 및 보호하는 데 위협이 될 것 같은 장애라 명명된 학생들에게 비록 불법이라 할지라도 특수학교로의 전학을 강요하거나 권유하기도 한다. 일반학급의 '정상' 수업이나 생활 지도를 유지하기 위한 이러한 분리 교육 결정은 어느덧 장애라 명명된 학생 본인의 교육을 위해서라는 명분으로 아름답게 포장된다. 비록 장애라 명명된 학생들은 '정상' 내지는 '자립'이라는 십자가를 짊어지고 '정상'이 되지 못하는 한 언제까지고 일반학급 또는 학교 사회 바깥에 놓인 투명한 존재처럼 '특수'학급에 머물러야 함에도 말이다.[7]

그래서 선한 의지를 가진 전문가로서 특수 교사가 학교 사회 내에 '정상' 내지는 일반학급을 보호하는 문지기의 역할을 충실히 수행하는 한 역설적이게도 통합 교육은 점점 더 멀어져 간다. 그런 문지기로서 규범에 충실한 '특수' 교사의 존재는 '일반' 교사들에게 장애라 명명된 학생에 대한 교육은 '특수'교육 전문가인 '특수' 교사의 몫으로 떠넘기는 것을 정당화해 준다. 나아가 '특수'교육적 지식 부족을 이유로 장애라 명명된 학생에 대한 교육을 방기하는 것에 면죄부를 부여한다. 그렇게 '일반' 교사가 스스로 '정상적인' 학생들을 위한 '정상적인' 수업을 운영하고 책임지는 사람으로 자신의 역할을 규정하고 강화하는 것에 '특수' 교사가 기여하게 된다.

서로 긍정을 위해 특수 교사가 감행해야 할 부정들 :
"닫힌 교문에 균열을 내는 '이물질' 같은 존재로서 특수 교사"

시스템을 쓰러트리는 일은 불가능하다(우리는 이미 전원 시스템 안에 빌트인되어 있다). 시스템의 악을 한군데에 가둬 두는 것도 불가능하다(악은 속인적인 것이 아니라서 교체할 수 있다. 그것은 '무한히 교체할 수 있다'는 뜻이다). 남은 방도는 아마 하나밖에 없을 것이다. 루피 일행도 그것

---

7 사이토 미치오(2006), 앞의 책, 삼인.

을 전략으로 채택했다. 즉 시스템 안에서 살아가지만, 시스템 안의 이물질로서 시스템 내부에 머무르는 일이다.[8]

자본주의 시스템 안에서 학교 제도는 사회 속에서 얻은 능력을 개인화한다. 그리고 표준화된 특정 능력 기준에 미달하는 이들에게 소위 비정상으로 '장애'라는 딱지를 붙이고 그들을 '정상' 내지는 일반학급에서 배제한다. 그런 학교 사회를 특수 교사 개인이 전복하는 것은 불가능할지도 모른다. 더욱이 개인화된 능력의 차이에 따른 차별을 당연시하는 자본주의 시스템과 그 시스템을 유지하기 위한 제도인 학교 사회를 지탱하기 위한 최전방의 문지기로서 특수 교사의 역할과 규범이 정해진 한 말이다.

그렇다고 특수 교사가 자본주의 시스템에 예속된 학교 사회를 위해 봉사하기보다 장애라 명명된 학생을 위하는 것에서 자신의 존재 의미를 찾고자 한다면 방법이 없는 것은 아니다. 바로 만화 《원피스》의 루피 일행이 선택했듯이 컨베이어 벨트처럼 맞물려 잘 돌아가는 학교 사회에 이물질 같은 존재가 되는 것이다.

그렇다면 이 소박하면서도 위대한 실천을 위한 전략에는 어떤 것들이 있을 수 있을까? 우선 장애라 명명된 학생들 하나하나가 일반학급에 존재해야 한다. 존재가 의식을 바꾼다는 말이

---

[8] 오다 에이치로, 우치다 타츠루 해설, 정은서 옮김(2013), 《원피스 스트롱 워즈(상권)》, 대원씨아이, 203쪽.

있다.[9] 존재하는 한 고민을 할 수밖에 없다. 그러니 특수 교사들이 너무나 쉽사리 장애라 명명된 학생들에 대한 분리 요청에 응하지 말자. 둘째, 장애라 명명된 학생들의 원래 법적 소속 학급(원적 학급)은 일반학급이지 특수학급이 아니다. 특수학급은 일반학교 내 특수 교사 배치를 위한 행정상의 학급이다. 마치 학교 상담실이나 보건실과 같이 말이다. 셋째, 특수 교사는 장애라 명명된 학생의 학교생활 전반을 책임지는 담임 교사가 아니다. 특수 교사는 장애라 명명된 학생을 배제한 채 설계된 학교 사회 문화를 그 학생 개인에게 맞게 변화시키기 위한 개별화 교육 및 지원에 대한 담당자이다. 그러므로 다른 학생들과 같이 장애라 명명된 학생의 담임은 원적 학급 내지는 일반학급 담임이지 특수 교사 자신이 아니라고 당당히 밝히자. 넷째, 장애라 명명된 학생들을 학교 사회에 적응시키려 너무 노력하지 말자. 대신 학교 사회가 장애라 명명된 학생들에게 적응할 기회를 주자. 다섯째, 특수 교사는 교과 교육 전문가가 아니다. '특수'라는 교과는 없다. 단지, 장애라 명명된 학생들을 배제한 채 개발된 교과 내용과 교수 환경만이 존재할 뿐이다. 그렇게 굳어진 교수-학습 환경을 변화시키기 위해서는 교과 내용에 대한 수정만큼이나, 아니 그 것보다 더 교과 외적 환경에 대한 다방면적 지원과 수정이 요구된다. 그래서 특수 교사는 교과에 국한되지 않고 다양한 영역의

---

9 녹두편집부 엮음(1985), 앞의 책.

사람들과 자원들을 연계하고 계획하며 관리할 수 있어야 한다. 마지막으로, 이 모든 것을 위해 학교 사회의 불필요한 행정 업무들을 거부하자. 학교의 일반 행정 업무를 맡아서 하면 학교장에게는 인정받을지 몰라도 정작 장애라 명명된 학생들을 위한 지원에는 소홀할 수밖에 없다. 특히, 장애라 명명된 학생들을 배제한 채 오랫동안 발전해 온 학교의 사회 문화적 지원 환경들을 광범위하게 손봐야 한다는 점에서 더욱더 그러하다. 그러므로 학교의 일반 행정 업무를 성실히 처리함으로써 학교장이나 부장들에게서 얻게 될 인정의 욕구를 버리자.

이러한 모든 전략의 실천에 있어 완성은 없다. 언제나 현재 진행형이다. 때론 괴로울 수도 있다. 하지만 그 괴로움 속에서도 한 특수 교사로서 얻게 될 무한한 존재 긍정의 기쁨은 이루 말할 수 없다. 특수 교사로서 나의 노동이 자본주의 시스템에 봉사하는 학교 사회에 착취당하지 않고 온전히 장애라 명명된 아이들을 위해 본래 목적대로 사용되었음에 대한 기쁨 말이다. 적어도 내가 경험한 바에 따르면 그러했다.

나가며

자본주의 시스템하에서 학교라는 제도는 사회 문화적 지원에 의존하는 능력을 한 개인의 고유한 특성이나 노력의 결과로 환원

한다. 그렇게 능력을 탈맥락화하고 개인화시키기 위해 하나의 표준화된 평가 기준이 만들어진다. 그 기준에 따른 결과에 부합하는 차별화된 보상이 따른다. 그 차별은 개인적 노력의 산물에 대한 정당한 대가로 모두가 받아들이게 되고, 자본주의 시스템은 학교라는 제도를 통해 당연한 것이 된다.

학교라는 제도는 능력의 개인화를 위해 부단히 학생들을 그 능력에 따라 분류하고, 때론 절대적 기준치 혹은 정상의 범주를 정해 능력에 따른 분리와 차별을 당연시하게 만든다. 그리고 정상 범주를 판정하고 분리하는 재판장의 문턱을 특수 교사는 지키고 서 있다. 자본주의 시스템에 예속된 학교 제도하에서 특수 교사에게 주어진 역할은 능력에 따라 차별하고 분리하는 학교 사회의 규범을 보호하기 위한 문지기이다.

그렇다고 방법이 없는 것은 아니다. 특수 교사 개인은 그런 학교 사회를 전복할 수는 없지만 적어도 삐걱거리게 만들 수는 있다. 바로 자신에게 주어진 문지기로서 규범을 부정하는 일이다. 그렇게 부정을 부정함으로써 특수 교사 개인의 노동은 물론이고 장애라 명명된 학생들도 긍정될 수 있는 것은 아닐까?

다음 글에서는 '누구를 위해 '개별화교육계획'은 존재하는가'에 대해 논의해 보고자 한다. 학교에서는 장애라 명명된 학생 개인들의 개별화된 교육 지원을 위해 개별화교육계획을 수립한다. 워낙 학교 사회 환경이 장애라 명명된 학생들을 할 수 없게 만드는 장벽들로 넘쳐 나다 보니 어느 것 하나 학생 개인이 학교 활동에 참여하기 위해 수정이 필요하지 않은 곳이 없다. 따라서 학생 개인에게 적합한 교육 활동 환경을 만들기 위해 다양한 지원을 계획하고 제공해야 한다. 그렇지 않고는 학교 활동 대부분에서 참여가 배제될 수밖에 없다. 그래서 개별화교육계획을 작성한다. 하지만 학교 구성원들은 개별화교육계획을 개별화된 교육 프로그램으로 착각하는 경향이 있다. 마치 장애라 명명된 학생 개인만을 위한 별도의 교육 프로그램에 대한 계획인 것처럼 말이다. 그리고 그 계획은 특수 교사 개인이 장애라 명명된 학생을 일반학급에서 분리해서 특수학급에서 정해진 특수한 프로그램을 실행하는 것이라 생각한다. 결국 개별화교육계획은 장애를 학교 사회 환경의 문제가 아닌 개인의 문제로 만들며, 나아가 개인의 문제이므로 문제가 있는 개인을 별도로 분리하여 처리하는 교정 프로그램에 관한 계획이 되는 것이다. 그렇게 학교 사회에서 장애라 명명된 학생을 향한 고립이 개별화교육계획이라는 이름으로 더 심화하는 것은 아닌지 논의해 보고자 한다.

4장

누구를 위해 '개별화교육계획'은 존재하는가

고립을 넘어서기 위한 조건들

들어가며 :
"개별화교육계획은 왜 협력을 필요로 하는가?"

"바쁜데 다 같이 모여 개별화교육지원팀 회의 꼭 해야 하나?"
개별화교육지원팀 회의 참석 요청에 학교장에게서 돌아온 한 마디. 신학기가 시작되어 모두 바쁜 3월에 꼭 중요한 회의가 아니라면 다 같이 모일 필요가 있는지에 대한 반문이었다. 학교는 3월이면 학생 기초 정보 수집과 연간 교육 계획 작성 등으로 숨 쉴 틈 없이 바쁘게 돌아간다. 그런 상황에서 전교 1%밖에 안 되는 장애라 명명된 학생을 위한 회의가 비효율적으로 느껴졌을 수 있다. 더욱이 교장도 모자라 교감, 교무부장, 담임 교사, 특수교사, 보건 교사, 학부모 등이 다 같이 모여 회의를 해야 한다 하니 부담은 더했을 것이다.
하지만 개별화교육지원팀(지원팀)은 「장애인 등에 대한 특수교육법」(특수교육법)에 명기된 법정 회의 기구다. 특수교육법에 따르면, 학교장은 신학기 시작 후 14일 이내에 지원팀을 구성해야 할 의무가 있다.[1] 지원팀은 장애라 명명된 학생의 교육적 요구에 적합한 교육 및 지원을 제공하기 위해 학교장, 보호자, 특수 교사, 일반 교사, 진로 및 직업 교육 담당 교원, 특수교육 관련 서비스 담당 인력 등으로 구성된다. 그렇게 구성된 지원팀의 첫 번째 임무는 개별 학생의 요구에 적합한 교육 및 지원을 제공하기 위한 교육 계획인 개별화교육계획을 작성하고 승인하는 것이다. 이는 매 학기 시작 일로부터 30일 이내에 작성 및 승인을 완료해야 한다.

법령상 지원팀을 구성하고 개별화교육계획을 작성 및 승인하는 모든 과정은 학교장의 의무이지 특수 교사의 의무는 아니다. 특수 교사는 실무자이지 책임자가 아니기 때문이다. 그런데 오히려 실무자인 특수 교사가 학교장에게 의무를 다 이행하라 요청하는 역설적인 상황이 학교 현장에서 벌어지고 있는 것이다.

그렇다면 왜 교내 1%도 안 되는 장애라 명명된 학생을 위해 신학기 준비로 바쁜 와중에 다양한 학교 내외 구성원이 모이는

---

1 「장애인 등에 대한 특수교육법」 제22조 ① 각급학교의 장은 특수교육대상자의 교육적 요구에 적합한 교육을 제공하기 위하여 보호자, 특수교육교원, 일반교육교원, 진로 및 직업교육 담당 교원, 특수교육 관련서비스 담당 인력 등으로 개별화교육지원팀을 구성한다.
「장애인 등에 대한 특수교육법 시행규칙」 제4조 ① 각급학교의 장은 법 제22조 제1항에 따라 매 학년의 시작일부터 2주 이내에 각각의 특수교육대상자에 대한 개별화교육지원팀을 구성하여야 한다.

지원팀을 구성하고 개별화교육계획을 위한 회의를 해야 할까? 이 질문에 답해 보고자 한다. 먼저, 개인적 관점에서 특수 교사로서 개별화교육계획을 작성하고 실천하기 위해 학교 내외 다양한 구성원과 협력했던 경험을 통해 협력의 중요성에 대해 살펴보고자 한다. 다음으로, 거시적 관점에서 개별화교육계획 작성 및 실천에 있어 다양한 구성원과의 협력의 중요성에 대한 국제적인 선언을 소개하고자 한다. 그 선언을 실현하기 위한 영국의 정책적 노력도 덧붙이려고 한다. 마지막으로, 국제적인 변화에도 불구하고 국내 개별화교육계획이 특수 교사 개인의 수업 계획에 머물거나 고립될 수밖에 없는 이유에 대해 논의해 보고자 한다. 단, 이번 글에서의 개별화교육계획에 대한 입장은 졸업 후 성인기 삶으로의 전환기를 담당하는 고등학교 특수 교사 개인의 입장이기에 학령 초기 아동을 담당하는 초등학교 특수 교사의 입장과는 다를 수 있음을 밝힌다.

나는 전문성이 부족한 '특수' 교사였다 :
"개인적 부족함을 채우기 위해 협력이 필요했다"

나는 전문성이 부족한 '특수' 교사였다. 도저히 혼자서는 장애라 명명된 학생들의 다양한 요구에 응답할 수 없었다. 학교의 체육 수업은 휠체어로 이동하는 지체장애라 명명된 학생이 참여할 수 없도록 설계되어 있었다. 판서 중심의 수업은 시야의 폭과 사물을 바라보는 거리에 있어 차이가 나는 시각장애라 명명된 학생에겐 불리함 그 자체였다. 문자나 음성 언어 중심으로 의사소통하는 문화는 문자/음성 언어가 아닌 그림이나 상징 등으로 의사소통하는 언어장애라 명명된 학생에게 소통에서의 단절의 연속이었다. 또한, 초등학교 시절부터 다름을 이유로 각종 괴롭힘을 당하며 성장한 정신장애라 명명된 학생에게 일반학교는 다양한 오해와 갈등을 촉발했다. 그렇게 학교 환경은 A부터 Z까지 장애화되어 있었다. 그래서 그런 환경에서 내 한 몸 또는 한 개인의 제한된 지식으로는 아이들의 욕구를 맞출 재간이 없었다.

이처럼 특수 교사 개인으로서 느꼈던 나의 부족함은 협력이 필요함을 일깨워 주었다. 우선 지체장애라 명명된 학생에게는 체육 수업을 비롯해 외부 활동에서 이동 지원을 보조할 선생님이 필요했다. 시각장애라 명명된 학생에게는 판서 내용 필기를 보조할 선생님이 필요했다. 정신장애라 명명된 학생에게는 오해할 상황이 생기면 그 상황에 관해 설명해 주고 수업에 집중할 수 있도록 보조할 선생님이 필요했다. 그래서 나는 학교에 '특수교육 보조 인력' 신청에 관한 공문이 오면 적극적으로 신청했다. 나아가 보조 인력 지원을 받을 수 있는 기관이라면 적극적으로 연락하고 보조 인력을 요청하기도 했다. 그 결과 내가 있던 학습도움실에는 나를 포함하여 총 4명의 담당자가 8명의 장애라 명명된 학생을 지원하기 위해 함께 일하게 되었다.

이로써 장애라 명명된 학생 지원을 위한 하드웨어는 부족하나마 갖추어졌다. 하지만 소프트웨어가 문제였다. 즉, 지원을 위한 구체적 내용 전문성이 부족했다. 특수 교사인 나도 학생들에게 어떤 지원이 필요한지는 파악할 수 있어도 필요한 지원의 세부적이고 전문적인 지식을 모두 갖출 수는 없었다. 그도 그럴 것이 각 세부적 지원 내용에 대해서만 대학 4년 내내 공부하니 말이다. 예를 들어, 언어적 지원을 위한 전문성은 언어치료학과에서, 심리적 지원에 대한 전문성은 심리치료학과, 각종 공학 기기의 지원에 대한 지식은 재활공학과 등에서 4년 동안 공부함으로써 얻게 되는 것이다. 그런 상황에서 나 혼자 학생에게 필요한 지원을 적절하게 하는 것에는 한계가 있었다.

일례로 음성 언어가 아닌 그림이나 상징으로 자신의 의사를 표현할 수 있는 학생이 있었는데 이 경우에는 그림이나 상징으로 의사소통이 가능하도록 하는 '보완대체의사소통' 영역의 전문가가 필요하다. 나는 일단 지역 특수교육지원센터에서 지원하는 언어치료 선생님의 방문 치료를 신청했다. 하지만, 당시 언어치료 선생님도 보완대체의사소통에는 전문적인 지식을 가지고 있지 않을 뿐 아니라 우리 지역에는 그런 지원을 전문적으로 제공하는 기관이 없다 하셨다. 수소문 끝에 서울[2]에 있는 보완대

---

2 학교에서 서울에 있는 언어치료실까지는 대중교통을 이용해 1시간 20분 정도면 이동할 수 있는 거리였다.

체의사소통을 전문으로 지원하는 언어치료실을 찾았고, 특수 교육 실무사 선생님과 함께 주 1회 그 언어치료실을 다니며 학교에서 사용할 수 있는 상징을 서로 배워 갔다. 더불어 지역 장애복지기관과 협력하여 보완대체의사소통을 위한 기기를 지원받을 수 있었다.

또한, 정신장애라 명명된 학생의 경우를 예로 들면 기존에 약물 치료만을 받고 있었을 뿐 학생의 심경을 세밀하게 이해하고 아픈 상처를 상담하고자 하는 시도는 전혀 없었다. 여러 상담 기관에 의뢰를 해 봤지만, 지적장애에 정신장애라는 중복의 명명을 가진 학생의 경우 상담이 어렵다는 답변이 돌아왔다. 심지어 학교 내 상담실에서도 거부당했다. 당시 나는 부족한 것이 많다 보니 용감할 수밖에 없었다. 그래서 여기저기 수소문한 끝에 서울에 있는 한 전문 상담 기관을 찾아 연계함으로써 학생에게 적합한 상담 서비스를 지원할 수 있었다. 덕분에 주 1회 상담이 이루어졌고 상담 선생님에게 학생의 심리적 상태에 대한 조언을 수시로 얻을 수 있었다. 나아가 그 학생의 일상을 지원하던 특수교육 실무사 선생님께서도 상담 선생님과 긴밀히 연락하며 일상적 지원을 위한 전문성을 쌓아 갈 수 있었다.

장애라 명명된 학생들의 졸업 후 성인기 삶을 위한 진로와 직업 교육에서도 지역 사회 기관은 나에게 큰 힘이 되어 주었다. 우선 특수교육법에 따르면 고등학교의 각급 학교장은 장애라 명명된 학생의 직업 교육을 위한 시설을 갖추고 직업 교육을 제공해야 한다.[3] 하지만 실제 일반계 고등학교 가운데 직업 시설을 갖추고 있는 곳은 거의 없었다. 직업 교육을 위한 시설이 필요했다. 그래서 지역 후원 기관들을 찾아다니며 직업 교육 시설 설치를 위한 후원금을 알아보았고, 다행히 후원금을 지원하겠다는 기관을 만날 수 있었다. 우선 평소 학생들의 직업 교육을 위해 방문하던 바리스타 및 제과·제빵 학원 원장들로부터 관련 자격증 시험장 기준에 부합하는 직업 시설을 갖추기 위한 조언을 구했다. 그리고 지원금으로 그 시험장 기준에 맞는 직업 시설을 학교에 갖출 수 있었다. 해당 직업 시설은 바리스타 자격증 시험장으로 인정받았고, 학생들은 평소 연습하던 익숙한 공간에서 바리스타 시험을 보고 자격증을 취득할 수 있었다. 바리스타 및 제과·제빵 자격증 취득을 위한 교육은 업무 협정을 맺은 우리 지역 평생교육지원기관에서 무료로 강사를 파견해 주어 이루어질 수 있었다. 그렇게 자격증을 취득한 학생들은 더 전문적인 교육을 위해 일반계 고등학교에서 대학 진학 대신 취업을 꿈꾸는 고3 학생을 위해 개설한 직업 위탁 교육에 참여하였다. 참여한 학생 중 일부는 지역의 장애고용지원기관과 연계하여 카페에 정규직 바리스타로 취업을 하기도 했다. 취업하지

---

[3] 「장애인 등에 대한 특수교육법」 제23조 ② 중학교 과정 이상의 각급학교의 장은 대통령령으로 정하는 기준에 따라 진로 및 직업교육의 실시에 필요한 시설·설비를 마련하여야 한다.

못한 학생들의 경우 직업훈련지원기관과의 연계를 통해 졸업 후에도 지속해서 직업 교육을 받을 수 있었다. 나아가 지역 자립생활지원기관과 연계하여 졸업 후 가족들로부터 독립하여 살아가기 위한 지원 계획도 마련할 수 있었다.

앞서 언급한 바와 같이 특수 교사 개인이 모든 영역에서 전문가가 되면 좋겠지만 그건 현실적으로 불가능한 것 같다. 적어도 나의 경우에는 그러했다. 그리고 무엇보다 통계적 정상 범주에 들 수 없는 차이를 고려하지 않은 채 오랫동안 발전해 온 (학교) 사회 문화로 인해 장애 명명이 부여된 학생에 대한 교육은 온통 장벽들로 둘러싸여 있다. 그 장벽들을 뚫고 지나가자면 혼자 힘으로는 역부족이다. 그래서 특수 교사는 협력할 수밖에 없는 숙명을 타고났는지도 모르겠다.

특별한 교육적 요구에 대한 국제적 선언과
영국의 정책적 전환 :
"교사인가 코디네이터인가?"

1994년, 스페인 살라망카에 한국을 제외한 전 세계 100여 개국 교육 전문가 및 시민단체 활동가들이 모여 실효성 있는 통합교육 실천을 위해 기존 특수교육 special education에서 특별요구교육 special needs education 으로의 전환이 필요함을 강조한 〈살라망카 선언$^{Salamanca\ Statement}$⟩⁴을 발표한다.⁵ 이 선언을 통해 한 아이의 발달과 통합을 위해서는 장애를 중심으로 손상된 기능을 치료하고 재활하는 기존의 특수교육의 개념을 넘어서야 함을 강조했다. 즉, 손상을 중심에 두고 그 손상을 치료 및 교정하고 재활하기 위한 분리된 형태의 특수교육에서 벗어나 한 아이의 학교 및 지역 사회 통합을 위해 필요한 특별한 요구$^{special\ needs}$에 적합한 교육, 의료, 사회 복지, 직업 등 다양한 영역에서의 지원이 이루어져야 함을 선언한 것이다. 나아가 특별요구교육은 그 대상을 단지 장애에 국한하지 않고 노숙, 도서·벽지, 언어적 소수, 이주 노동자 자녀 등 특별한 교육적 지원 요구를 지닌 모든 아이로 확대해야 함을 강조한다.

⟨살라망카 선언⟩을 실천하기 위해 영국에서는 기존의 특수

---

4 특별요구교육에 관한 ⟨살라망카 선언⟩은 먼저 특별한 교육적 요구를 지닌 아이들을 위한 통합 교육의 중요성을 강조하며 모든 어린이는 교육을 받을 권리를 가진다고 밝힌다(1항). 다음으로, 모두를 위한 교육$^{Education\ for\ All}$의 원칙을 강조하며 학교는 차이를 환대하고 학습을 지원하며 개인의 요구에 응답해야 함을 선언한다(2항). 더불어, 통합 교육을 지향하는 일반학교는 차별적 태도를 극복하고, 모두를 위한 교육을 성취하며, 포용적인 지역 사회를 만들어 가는 가장 효과적인 전략이라 선언한다(2항). 또한, 통합 교육은 장애의 사회적 모델과 유사한 사회적 공정성 개념에 기반함을 선언한다(서문). 마지막으로, 통합 교육의 성공은 지원 서비스의 제공에 달려 있음을 명확히 한다(3항). 예를 들어, 의사, 치료사, 특수 교사, 사회복지사 및 보조공학 기사 등이 지원 서비스를 제공할 수 있다.
5 UNESCO(1994), The Salamanca Statement.(www.right-to-education.org/sites/right-to-education.org/files/resource-attachments/Salamanca_Statement_1994.pdf(2023년 4월 10일 접속))

교육이라는 용어를 특별요구교육으로 변경하였다. 더불어 특수교사special education teacher 대신 특별요구교육코디네이터special needs education coordinator로 명칭을 바꾸고 역할의 전환을 시도하였다. 명칭만 교사에서 코디네이터로 변경한 것이 아니라 특수 교사의 역할에서도 대전환을 모색한 것이다. 한 아이가 지닌 차이를 이유로 그 아이가 속한 학교 및 지역 사회의 각종 활동에서 그 아이를 배제 또는 차별하는 행위를 방지하기 위해서는 그 아이를 둘러싼 다양한 환경의 변화를 위한 계획과 지원이 필요하기 때문이다. 그래서 통합의 대원칙 아래 아이들의 신체적, 정서적, 사회적, 언어적 및 기타 요구에 부합하는 의료, 교육, 사회 복지 등 종합적 지원을 계획하고 그 지원 계획을 위한 코디네이터로서 특수교사의 역할 수정이 요구되고 있으며 그렇게 변화해 가고 있다.

개별 학생의 특별한 교육적 요구에 맞는 지원을 계획하는 코디네이터의 도입과 함께 2014년 영국에서는 개별화교육계획에 대한 용어와 개념에서도 대전환이 이루어졌다. 특별요구교육 법안 변경의 주요 핵심 내용은 개별화교육계획을 대신할 교육-건강-돌봄 계획Education, Health, Care Plan에 관한 항목을 신설한 것이다.[6] 이 법안이 제안되기 전까지 영국도 우리나라와 같이 개별화교육계획의 기본 방향은 아이들의 손상된 기능을 발견하고 그 기능

---

[6] GOV.UK., Children with special educational needs and disabilities(SEND). (www.gov.uk/children-with-special-educational-needs(2021년 6월 28일 접속))

을 교정하기 위한 개인 교수-학습 계획으로서 개별화된 교육 계획을 작성하고 실천하는 것이었다. 하지만 2014년 바뀐 법령에 따르면 특별요구교육코디네이터가 교육-건강-돌봄과 관련된 종합적인 계획을 위한 전문가 및 부모 모임을 주관하고, 각 전문 분야의 지원을 위한 지역 사회 자원을 모아 배치하는 역할을 한다. 이는 기존 특수교육 담당자가 가지고 있던 역할의 무게 추를 교수-학습 전문가에서 학생을 둘러싼 환경 설계를 위한 코디네이터로 이동하였음을 의미한다. 물론 필요하다면 기존의 교수-학습 전문가로서 역할을 수행하기도 하지만, 그보다는 학생에게 어떤 지원이 필요한지 파악하고 다양한 자원을 어떻게 배분할지 계획하며 조정하는 역할에 방점을 찍는 것이다.

고립으로 가는 설계도 :
"개인화교육계획에 머물 수밖에 없는 조건들"

다시 한국으로 돌아와 보자. 개인적 혹은 국제적 노력에도 불구하고 개별화교육계획은 '개인화'교육계획이 되기 쉽다. 즉, 특수교사 개인이 작성하고 시행하는 학생 개인의 특정 교과 개별 학습을 위한 교수-학습 계획으로 머무를 가능성이 크다.

그 첫 번째 이유가 지역 사회 자원이 없다는 점이다. 앞서 밝혔듯이 특수교육법에 따르면 학교장은 진로 및 직업 교육을 위한 시설을 마련해야 한다. 더불어 지역의 특수교육지원센터는 각종 지원 서비스를 위한 자원을 마련해야 한다. 하지만 직업 교육을 위한 시설 마련에 대해 일반학교 학교장에게 물어보면 어김없이 특수 교사에게 그 책임을 전가한다. 나아가 학생들에게 필요한 각종 지원 서비스를 특수교육지원센터에 요청해도 적절한 지원을 얻는 것은 거의 불가능에 가깝다. 이렇게 자원 마련의 의무를 지닌 사람들이 커튼 뒤로 숨는 순간 학생의 요구에 응답하려 노력하면 할수록 특수 교사 개인의 희생만이 강요될 우려가 크다. 이를 방지하기 위해 영국의 각 지역 교육청에서는 학교장이 코디네이터가 필요한 자원을 제공할 것을 의무화하고 있다.[7]

다음으로, 특수 교사에게 특수교육 외 업무 및 행정 업무가 주어지는 것도 문제다. 대다수 지역의 전교조와 교육청 사이의 단체 협약에는 "특수교육 업무 외에 특수 교사에게 분장하지 않는다"라는 조항이 있으나 현장에서는 무용지물인 경우가 많다. 극소수 학생을 담당하는 업무 정도로 특수교육을 바라보기 때문에 특수교육 외에 각종 학교 및 행정 업무를 분장하는 일은 비일비재하다. 특수교육 업무 중에서도 학생들이 외부에서 받는 치료 지원비, 학교 통학 지원비, 외부 방과 후 수강료 지원비 등

---

[7] Islington Directory, The Role of a Special Educational Needs Coordinator (SENCo).(directory.islington.gov.uk/kb5/islington/directory/advice.page?id=9pTua97FOes(2023년 4월 10일 접속))

을 학부모에게 반환해 주는 업무 등 특수나 장애라는 명칭만 붙으면 각종 행정 업무가 특수 교사에게 배정되는 현실이다. 또한, 외부 기관과 협력을 하려 하면 방문에서부터 비용 정산에 이르기까지 각종 행정 업무가 더해진다. 이런 문제들로 인해 영국 각 지역 교육청에서는 특수 교사에게 특수교육 외에 학교의 일반적 업무를 배정하지 못하도록 의무화하고 있다.[8]

마지막으로, 교수-학습 전문가로서 특수 교사의 역할과 코디네이터로서 특수 교사 역할 사이의 갈등이다. 교사로서 학생들을 잘 가르치고 싶은 마음은 특수 교사에게도 예외가 아니다. 그리고 하나의 과목을 잘 가르치는 것도 쉬운 일은 아니다. 특히 다양한 교과를 가르치고 생활 지도를 해야 하는 초등학교 특수 교사의 경우 이러한 문제에 자주 직면하게 된다. 교사로서 다른 일반 교사들과 같이 수업에만 집중하고 싶은 마음도 존재한다. 이는 단지 한국의 특수 교사만의 고민은 아니다. 영국의 코디네이터들도 여전히 학생 개별 수업과 지원자로서 역할 사이에서 정체성의 혼란을 경험하고 있다고 한다.[9] 그럼에도 학생들의 요구를 가장 가까이에서 민감하게 찾아내고 계획하며 지원할 수 있고 자신의 지원이 학생과 학부모의 삶을 긍정적으로 변화시

---

8 Islington Directory, 앞의 문서.
9 Moloney, H.(2021, June 24), Overworked, underpaid SENCOs mean children with SEND "will be left vulnerable for decades".(www.specialneedsjungle.com/overworked-underpaid-sencos-mean-children-send-left-vulnerable-decades/)

킬 수 있음을 알기에 코디네이터로서 역할을 포기할 수 없다고 한다.[10]

아무리 그럴듯하게 보이는 음식도 신선한 재료를 사용하지 않으면 맛도 없고 건강도 해치기 마련이다. 신선한 재료를 준비하기 위해서는 다양한 조건들이 갖추어져야 한다. 개별화교육계획이 개인화교육계획으로 남을 수밖에 없도록 만드는 조건들이 해소되지 않는다면 개별화교육계획은 고립으로 가는 설계도로 남을지 모른다. 학생 개인의 부족함을 찾아내고 그 부족함을 교정하거나 극복하기 위한 분리되고 개인화된 교육 말이다. 그 개인화된 교육 계획에 사회나 환경에 대한 고민은 존재할 틈이 없다. 장애는 사회적인 것임에도 말이다.

나가며

개별화교육계획이 기존의 교수-학습 계획을 넘어 개별 학생의 차이에 맞는 환경을 제공하기 위한 종합적 지원 계획이 되기 위해서는 특수 교사가 학부모는 물론이고 다양한 영역의 전문가들과 협력할 필요가 있다. 그러한 협력은 특수 교사 개인으로서 나의 경험에 비추어 볼 때 절실한 것이었다. 국제적으로는 〈살라망

---

10 Moloney, H.(2021, June 24), 앞의 문서.

카 선언)과 그 선언에 따른 영국의 정책적 전환 사례를 통해 장애라 명명된 학생의 개별화교육계획과 실천을 위해 학교 내외 자원과 전문가를 연계할 필요성이 있음을 알 수 있었다. 그런데도 현실에서 개별화교육계획은 개인 수업 계획으로 고립되기 십상이다. 학교 사회는 개별화교육계획이 고립으로 향할 수 있는 조건들로 가득하기 때문이다. 이 조건들을 해결하기 위한 논의와 노력이 앞으로 더 활발히 이루어지길 기대해 본다.

다음 글에서는 '누구를 위해 '장애이해교육'은 존재하는가'에 대해 논의해 보고자 한다. 장애에 대한 인식을 긍정적으로 변화시키기 위해 학교 현장에서 이루어지고 있는 장애이해교육이 장애라 명명된 학생에 대한 동정만 조장하는 것은 아닌지 고민해 보고자 한다. 장애라 명명된 학생들이 경험하는 환경적 장벽들에 대한 공감과 반성보다 개별 학생이 경험하는 힘듦 내지는 어려움에 집중한 나머지 그 학생에 대한 동정 또는 불쌍한 감정을 갖도록 하는 것은 아닌지 말이다.

5장

누구를 위해 '장애이해교육'은 존재하는가

동정은 필요 없다

들어가며 :

"야, ADHD 지나간다! ADHD!"

  1장 〈누구를 위해 '장애' 명명은 존재하는가〉에서 예시한, 자신의 이름이 아닌 ADHD로 불렸던 철수는 공식적으론 특수교육 지원 대상 학생은 아니었다. 하지만 내가 있는 학습도움실에 자주 놀러 오곤 했다. 학습도움실에 오면 나와 이런저런 이야기도 나누고 돈이 없으면 차비도 빌려 가곤 하던 학생이다. 그런 철수가 자신의 이름 대신 병원 진단명인 'ADHD'로 불리는 현실이 매우 씁쓸했다.

  이 씁쓸한 현실을 바꿔 보고자 '장애이해교육'이라는 것을 제대로 한번 해 보기로 마음먹었다. 장애이해교육은 교과나 창의적 체험 활동 시간에 강의, 모의 체험, 영상이나 독서 감상 활동[1]을

---

1 장애이해교육 활동이 사회과와 같은 일부 과목에서 교과 시간에 이루어지기도

통해 비장애 학생들에게 장애가 무엇인지에 대한 정보를 제공함으로써 학생들이 장애를 바르게 이해하고 장애라 명명된 학생에 대한 긍정적인 수용 태도를 형성할 수 있도록 도와주는 교육이다.[2] 「장애인복지법」 제25조와 같은 법 시행령 제16조에 따라 유·초·중·고 교육 기관의 장은 연 1회 이상 장애이해교육을 교육 계획에 포함하여 운영해야 한다.[3] 이에 전국 시·도교육청 장애이해교육 수업 시연 대회 수상 자료를 포함해 유명하다는 장애이해교육 자료들은 다 모아 열심히 읽고 연구했다.

그런데 장애이해교육에 대해 알면 알수록 이 교육이 과연 장애라 명명된 학생들의 통합 교육에 도움이 될 수 있을지에 대한 회의감이 스멀스멀 올라왔다. 장애이해교육 도입부에 어김없이 제시하는 장애 정의에서부터 본 활동인 장애 체험에 이르기까

하지만 대부분 비교과인 창의적 체험 활동 시간을 활용하여 초등학교는 강의와 모의 체험 통합형으로, 중등 학교는 영상이나 독서 감상 활동 등으로 진행된다.
[2] 백상수·박영근(2018), 〈메타분석을 이용한 장애이해교육 프로그램 효과 분석〉, 《지적장애연구》, 20(4), 1~24쪽.
[3] 「장애인복지법」 제25조 ② 국가기관 및 지방자치단체의 장, 「영유아보육법」에 따른 어린이집, 「유아교육법」·「초·중등교육법」·「고등교육법」에 따른 각급 학교의 장, 그 밖에 대통령령으로 정하는 교육기관 및 공공단체(이하 "국가기관등"이라 한다)의 장은 매년 소속 직원·학생을 대상으로 장애인에 대한 인식개선을 위한 교육(이하 "인식개선교육"이라 한다)을 실시하고, 그 결과를 보건복지부장관에게 제출하여야 한다.
「장애인복지법 시행령」 제16조 ② 법 제25조 제2항에 따른 기관 또는 단체(이하 "국가기관등"이라 한다)의 장은 소속 직원·학생을 대상으로 장애인에 대한 인식개선을 위한 교육(이하 "인식개선교육"이라 한다)을 매년 1회 이상, 1시간 이상 실시해야 한다. 다만, 보건복지부장관이 교육 대상별로 교육 시간을 단축하여 달리 정한 경우에는 그에 따라 인식개선교육을 실시해야 한다.

지 무언가 '이건 아니'라는 생각을 금할 수 없었다. 이렇게 장애이해교육을 하다가는 장애에 대한 이해를 높이거나 장애라 명명된 이들에 대한 차별로 인한 어려움에 공감하게 만들기보다는 역으로 놀림을 당하거나 동정의 감정을 유발할 소지가 다분해 보였다.

먼저, 장애이해교육 자료들이 어김없이 도입부에서 비중 있게 다루고 있는 '장애' 정의가 장애라 명명된 학생을 향한 차별을 예방하기보다 확대할 소지가 있었다. 다음으로, 장애이해교육의 핵심이라 할 수 있는 장애 체험 활동이 장애라 명명된 학생을 향한 공감보다는 동정심을 유발할 우려가 다분했다.

단, 이번 글에서 장애이해교육에 대한 입장은 장애학 연구 활동가 김도현이 자신의 저서 《장애학의 도전》에서 밝힌 바와 같이 '장애학은 편파적'이라는 주장에 기반하고 있다.[4] 즉, 장애라 명명된 한 사람의 편파적 시각이 담긴 글인 동시에 장애이해교육 실천 현장에 발 담고 있는 한 특수 교사로서 내부 고발적 성격이 강한 글임을 먼저 밝히고자 한다.

---

4 김도현(2019), 《장애학의 도전》, 오월의봄, 40~45쪽.

장애와 한 사람을 동일하게 바라보는 장애 정의 :
"지적장애 = 어려움이 있는 사람"

학교 현장에서 장애이해교육 첫 시간에 흔히들 제시하는 장애 정의는 하나같이 장애를 한 사람이 가진 결함 내지는 어려움으로 다루고 있다. 예를 들어, 대한민국 특수교육 정책 및 지원에 대한 연구와 보급을 담당하는 국립특수교육원에서 발간하는 장애이해교육 자료는 '지적장애'를 다음과 같이 정의한다. "지적 기능과 적응 행동상의 어려움이 함께 존재하여 교육적 성취에 어려움이 있는 사람". 또한, 학습장애는 "개인의 내적 요인으로 인하여 듣기, 말하기, 주의집중, 지각知覺, 기억, 문제 해결 등의 학습 기능이나 읽기, 쓰기, 수학 등 학업 성취 영역에서 현저하게 어려움이 있는 사람"으로 정의한다.[5]

장애학의 입장에서 보자면, 손상을 지닌 한 개인이 특정 교육 활동에서 겪는 '어려움' 혹은 '할 수 없음'의 이유를 한 개인 내 생물학적 손상에서 찾지 않는다.[6] 대신 그 원인을 특정 활동과 관련된 사회 문화적 조건에서 찾는다. 곱셈의 예를 통해 살펴보자. '곱셈할 수 있음'이 곧 '구구단 암기 능력'인 사회가 있다고 가

---

5 www.nise.go.kr/sub/info.do?m=0205&s=eduable&page=030101(2021년 9월 22일 접속)
6 김도현(2019), 앞의 책, 74~77쪽.

정해 보자. 그런 사회에선 구구단이 아닌 계산기를 활용하여 곱셈할 수 있는 학생은 같은 곱셈 과제를 수행했음에도 불구하고 (곱셈에 있어) 수학 학습 기능을 할 수 없는 학생이 된다. 즉, 특정 수학 학습 '장애' 학생이 되는 것이다. 하지만 '구구단'과 '계산기'는 비록 그 겉모습은 서로 다를지라도 한 사회가 역사적으로 오랜 기간 개발하고 개선해 온 문화적 도구라는 공통점을 지닌다. 어떤 문화적 도구를 활용하는가의 차이일 뿐, 구구단을 활용하여 곱셈 과제를 수행한 학생이나 계산기를 활용하여 곱셈 과제를 수행한 학생이나 모두 곱셈을 '할 수 있는' 학생이라 할 수 있다. 즉, 특정 활동에서 능력이란 한 사회가 그 능력을 어떻게 정의하느냐의 문제이자, 그 능력을 발휘하기 위해 어떤 형태의 문화적 도구의 사용을 고려하느냐의 문제라 할 수 있다. 그렇게 능력이라는 것이 본디 (특정 능력에 대한 정의와 관련하여) 사회적이고 (능력을 수행하기 위한 도구와 관련하여) 문화적이며 (능력이란 시대에 따라 그 정의와 관련 도구가 변화한다는 점에서) 역사적이다.

　이렇게 능력이라는 것이 사회-문화-역사적인 개념임을 간과한다면 한 사람이 할 수 없음이 본래 할 수 없는 비정상적 신체를 타고났기 때문이라는 생물학적 결정론의 오류에 빠지기 쉽다. 그러한 오류에 빠지는 순간, 우리는 비정상적 신체를 타고난 것으로 간주되는 사람을 조롱하거나 무시하게 될 우려가 높다. 역사적으로 통계적 정상 범주에 드는 특정 신체 조건만을 고려하여 개발 및 발전시켜 온 문화적 도구들을 활용하여 특정 학습 과제를 할 수 있는 이들은 그런 사회에서 정상인이 된다. 그렇게 설계된 도구들을 활용하여서 할 수 없는 사람들은 역으로 비정상인이 된다. 비정상 내지는 열등한 그들을 소홀히 대하게 되는 것이다. 즉, '나'와 같은 정상적인 능력을 타고난 한 사람으로서 '너'가 아닌 내 주변에는 존재할 것 같지 않은 비정상적인 이방인으로서 장애라 명명된 이들과 관계하게 되는 것이다. 더욱이 더 능력 있는 자는 살아남고 그렇지 못한 자는 소멸하는 우승열패優勝劣敗의 신화[7]가 만연한 사회에서 능력의 사회-문화-역사성을 배제한 채 생물학적 열등성을 강조할 때, 장애라 명명된 이들을 향한 무시는 오히려 정당화될 우려가 크다.

더불어 지적장애에 대한 국립특수교육원의 정의는 '지적장애 = ~ 어려움이 있는 사람'으로 규정하고 있다. 이는 지적 기능 '수행에 어려움' 내지는 '할 수 없음^{disability}' 그 자체를 지적장애라 명명된 한 사람과 동일시하는 것과 같다. 즉, '장애 = 사람'이라는 등식에 기반하여 장애 자체를 한 사람과 동일하게 다루고 있다. 그래서 현재의 장애이해교육은 '할 수 없음'(장애)이라는 부정적 명사 혹은 명명 속에 한 사람을 가둠으로써 역으로 그 사람을 향한 이해와 공감보다는 장벽을 쌓는 데 기여할 위험성이 높다. 비록 국립특수교육원에서 지적장애를 정의할 때 이를 의도했든 의도하지 않았든 말이다.

---

7 박노자(2005), 《우승 열패의 신화》, 한겨레출판.

한 국가의 특수교육 관련 정책과 내용을 연구하고 보급하는 기관이 이러하다면, 다른 기관들은 말해 무엇 할까? 어쩌면 이 기관에서 제시한 지적장애 정의가 장애라 명명된 이들을 향한 대한민국의 보편적 관점 내지는 상식이 아닐까?

타인의 고통에 동정심만 부추기는 장애 체험 :
"장애를 가지고 산다는 것이 이렇게 힘든 일인지 몰랐어요"

대다수의 장애이해교육의 본 활동은 장애 체험이다. 장애 체험은 특정 신체 영역이나 그 기능의 부재 상황을 연출하여 몸소 느껴 보는 활동을 의미한다.[8] 예를 들면, 시각장애 경험을 위해 안대를 착용하고 흰 지팡이를 이용하거나 지체장애 경험을 위해 휠체어를 타고 학교 이곳저곳을 이동하면서 장애를 체험해 보는 것 말이다. 이러한 장애 체험 후에는 어김없이 자신이 참여한 특정 장애 경험에 대한 느낌을 생각해 보고 글과 말로 표현해 봄으로써 장애이해교육은 끝난다.

시끌벅적했던 장애 체험이 끝나고, 장애 체험에 참여한 학생들의 감상문이나 발표를 듣고 있노라면 눈물 콧물 짜내는 신파

---

[8] 국립국어원 우리말샘(opendic.korean.go.kr/search/searchResult?query=장애체험) (2021년 9월 20일 접속))

극도 이런 신파극이 따로 없다. "장애를 가지고 산다는 것이 이렇게 힘든 일인지 몰랐어요" 혹은 "이렇게 힘들게 살아가는 장애인 친구들을 잘 도와주는 사람이 될 거예요" 등과 같이 타인의 고통에 대한 동정과 연민으로 가득하다.

　타인의 어려움을 경험해 보며 그를 불쌍히 여기는 측은지심을 기르는 일이 어찌 잘못되었다고 비난할 수 있겠는가? 하지만 장애 체험이 타인의 고통에 대한 나의 선한 마음을 확인하고 나누는 감상회 수준에 머무른다면 문제가 아닐 수 없다. 즉, 기존 장애 체험은 타인의 고통에 대한 경험을 감상하며 도덕적 만족감을 얻는 집단적 관음증을 부추길 우려가 높다.[9] 그래서 자신이 체험했던 타인의 고통이 자신이 누리는 편안함 내지는 특권과 연결되어 있을지도 모른다는 사실을 잊게 만든다.

　예를 들어, 휠체어를 타고 온종일 학교 이곳저곳을 다니는 지체장애 체험이 끝나고 나면 아이들은 두 다리로 걷지 못한다는 것이 매우 힘든 일임을 절감한다. 그렇게 힘든 삶을 살아가는 지체장애라 명명된 친구 개인에 대한 불쌍함과 측은함은 배가된다. 다른 한편, 두 다리로 걸을 수 있는 몸을 갖고 태어난 자신에 대해 감사한 마음에 빠지기도 한다. 지체장애는 자신과는 아무런 관련이 없는 개인의 비극이며, 오히려 타인의 비극을 통해 자신의 삶에 대한 안도감의 한숨을 내쉬는 것이다. 그러한 집단

---

9 수전 손택, 이재원 옮김(2004), 《타인의 고통》, 이후.

적 관음증의 향락 속에서, 지체장애라 명명된 친구의 불편함 내지는 고통이 자신과 같은 두 다리로 이동하는 사람들만 편리하게 이용할 수 있도록 설계 및 발전해 온 학교 건물 구조 때문일 수 있음에 대한 고민은 들어설 자리가 없다.

그렇게 장애는 개인적 비극일 뿐 나와는 상관없는 일이 될 때, 저상버스 도입을 주장하며 자신이 타고 있던 버스를 멈추어 세운 장애라 명명된 이들을 향해, 자신에게 끼친 일시적 불편에 "병신이 벼슬이냐"라며 일말의 죄책감 없이 욕설을 내뱉을 수 있게 되는 것은 아닐까?[10] 그들의 불편함이 자신들의 안락한 대중교통 이용 내지는 특권과는 전혀 상관없는 일이기에 자신을 불편하게 만든 장애라 명명된 이들을 향해 그리도 당당할 수 있는 것은 아닌가 말이다. 나는 아직 두 발로 이동한다. 나에게는 일어나지 않을 일들이다. 나는 이동하는 데 장벽들로 둘러싸여 있지 않다는 안도감 또는 그들을 향한 동정 내지는 연민의 감정은 그들의 이동에 있어 권리 보장을 위해 내가 할 수 있는 것이 없다는 무능력함과 더불어 나의 무고함을 정당화하는 데 기여한다. 내가 한 일이 아니며, 나도 어쩔 수 없는 일이기에 나의 일상에 불편함을 끼친 그들을 향한 분노는 정당한 것이 된다. 그러기에 장애라 명명된 이를 향한 동정의 감정을 부추길 소지가 다분한

---

10 ""저상버스 도입하겠다" 20년째 반복되는 '지키지 않을' 약속들", 〈한국일보〉, 2021년 4월 24일.

장애 체험에 우려를 표하지 않을 수 없다. 사회적 책임을 회피하게 만드는 동정, 그런 '동정은 필요 없다'[11]고 외치며 장애라 명명된 이들은 오늘도 뜨거운 아스팔트 위를 기어서 횡단하고 있음에도 말이다.

나가며

장애이해교육이 본래의 취지인 장애라 명명된 이들을 향한 혐오와 차별을 예방하기 위해서는, '할 수 없음'을 뜻하는 장애가 한 사람 개인의 생물학적 혹은 의료적 특성 그 자체로 오해되어서는 안 된다. 이러한 의료적 접근은 장애 그 자체를 한 사람과 동일시함으로써, 의식적이든 무의식적이든 장애라 명명된 이들 개인의 '할 수 없음' 또는 '열등성'을 부각하며 그들을 향한 혐오와 차별을 당연한 것으로 여기게 할 우려가 크다. 장애가 타고난 것이 아니라 사회-문화-역사적으로 구성된 것임에도 말이다. 더불어, 장애이해교육의 중심 활동인 장애 체험이 장애 경험 자체의 어려움만을 공유하기 위한 장이 된다면, 그 체험을 통해 장애라 명명된 이들의 삶에 대한 공감이 아닌 동정과 연민만을 확산시킬 뿐이다. 그저 나와는 전혀 무관한 그들의 아픔이자 슬픔일

---

11 조지프 P. 샤피로, 윤삼호 옮김(2010), 《동정은 싫다》, 한국DPI출판부.

뿐이다. 정작 그들에게 필요한 것은 동정이 아닌 연대임에도 불구하고 말이다. 이에 장애 체험 활동이 연대의 장이 되기 위해서는 나의 특권이 장애라 명명된 이들의 고통과 연결되어 있을지도 모른다는 사실을 숙고해 보는 것, 그래서 그들에게 연민만을 베풀기를 그만두는 것, 바로 이것이야말로 장애 체험 활동에서 당면 과제가 아닐 수 없다.[12]

다음 글에서는 '누구를 위해 '특수교육법'은 존재하는가'에 대해 논의하고자 한다. 특수교육법이 어떤 과정을 거쳐 제정 및 개정되었으며, 특수교육법 제·개정의 의의와 한계는 무엇인지 살펴보고자 한다. 특수교육법은 장애라 명명된 당사자와 그 부모 운동의 성장과 그들의 노력으로 현재의 모습을 갖추었지만, 여전히 분리 교육 지원 중심 조항들로 가득하다. 이에 분리 교육 중심 특수교육법의 문제를 제기하고, 실질적 통합 교육 지원을 위해 특수교육법이 어떻게 변화해야 하는지에 대한 대안을 제안해 보고자 한다.

---

12 수전 손택(2004), 앞의 책.

6장

누구를 위해 '특수교육법'은 존재하는가

분리 교육을 조장하는 특수교육법의 문제와 대안

들어가며 :

"특별법 우선의 원칙이 있는데 무엇이 문제죠?"

   소풍에 수학여행 및 각종 교외 체험 학습을 할 시기가 되면 어김없이 담임들은 특수 교사인 나에게 이런 질문을 한다. "특수 반 아이들도 참여하나요?" 그러고는 다음과 같은 질문을 슬며시 덧붙인다. "특수 반에서 따로 데리고 있는 것이 좋겠지요?" 이 질문에는 두 가지 모순점이 존재한다. 우선, 본인이 담임인 학급 학생이고 학생의 법적 소속이 자신의 학급임에도 불구하고 우리 반 누구누구가 아닌 특수 반 아이라 명한다는 사실이다. 다음으로, 일반학급 체험 학습에서 장애라 명명된 학생의 참여를 배제하는 것을 차별이라고 생각하지 않는다는 점이다. 그래서 학생이 참여하기 위해 어떤 지원이 필요한지에 대해 상의하기보다 체험 학습 당일 특수 교사인 내가 책임지고 맡고 있으라고 말한다. 오히려 그러한 조치가 차별이 아닌 배려인 것처럼 말이다.

이와 같은 제안을 받으면 나는 망설임 없이 '교내외 활동에 대한 참여 배제' 행위로서 「장애인 등에 대한 특수교육법」(특수교육법) 제4조 차별의 금지 조항에서 금지하는 행위라고 알려드린다. 그리고 어떻게 하면 장애라 명명된 학생도 참여할 수 있을지 함께 고민해 보자고 역으로 제안한다. 절반 정도는 나의 역제안을 바로 수긍하지만, 나머지 절반 정도의 경우는 거부하여 관리자가 나를 따로 불러 설득을 빙자한 강요를 하기도 한다. '장애라 명명된 학생이 함께 체험 학습에 참여하는 것에 어려움이 있기에 특수 교사를 별도로 두는 것이고 특수 교사가 별도로 관리하는 게 학생 안전을 위한 것'이라는 게 그들의 논리이다. 이럴 때마다 나는 특수교육법상 참여 배제는 불법이라 주장하고, 교장은 어김없이 상위법인 「초·중등교육법」 어디에도 그런 내용은 없지 않냐며 나에게 따지는 상황이 반복되곤 한다.

나는 이 문제에 있어 어떤 설득과 강요에도 굽히지 않았지만 매번 여간 성가신 일이 아닐 수 없다. 그래서 교육청 특수교육 담당 장학사와 간담회가 있던 자리에서 배경을 설명하고 각급 일반학교 현장 체험 학습에서 장애라 명명된 학생이 배제되는 일이 일어나지 않도록 조치해 달라고 건의했다. 장학사는 "특별법 우선의 원칙이 있는데 무엇이 문제죠?"라며 오히려 나에게 반문했다. 특별법으로서 특수교육법과 상위법인 「초·중등교육법」이 상충할 때 특별법을 최우선으로 적용해야 한다는 특별법 우선의 원칙에 대한 나의 무지를 꾸짖듯 말이다.

물론 이론상으로는 특별법이 우선하는 것이 맞다. 그러나 실제 현장에서는 특별법 우선의 원칙은 무용지물이다. 학교 현장은 장애라 명명된 학생에게 국한되는 특별법으로서 특수교육법보다는 모든 학생에게 적용되는 일반법으로서 「초·중등교육법」이 더 중요한 위치를 차지하고 있다. 나아가 특수교육법은 전체 장애라 명명된 학생의 70% 이상이 다니고 있는 통합 교육 현장을 지원하기 위한 실질적 조항들이 부재해 있다. 실례로 특수교육법 법령, 시행령 및 시행 규칙을 통틀어 총 79개 조항 중 통합 교육에 대한 단독 조항은 법령 제21조와 시행령 제16조 두 조항뿐이다.

이번 글에서는 우선 특수교육법이 어떤 과정을 거쳐 제정 및 개정되었는지 밝히고, 특수교육법 제정 및 개정이 갖는 의의와 한계에 대해 살펴보고자 한다. 다음으로, 분리 교육 중심의 현행 특수교육법의 문제를 제기하고 실질적 통합 교육 지원을 위해 특수교육법의 위상에 어떤 변화가 필요한지 설명하고자 한다. 그리고 구체적으로 통합 교육 실현을 위해 현행 특수교육법 조항들이 갖는 문제점과 대안들에는 어떤 것이 있을 수 있는지 제안해 보고자 한다.

특수교육법 제정의 역사와 의의 :
"특수교육법 제정 및 개정 과정 그리고 역사적 의의와 한계점"

1977년 제정된 「특수교육진흥법」은 뜻있는 학자들을 중심으로 추진되었다. 1946년 대한민국 최초로 대구맹아학교를 설립했던 이영식 목사의 장남인 이태영 총장이 1961년 대한민국 최초의 특수 교사 양성을 위해 설립한 대구대학교를 중심으로 10년의 노력 끝에 「특수교육진흥법」이 제정되었다.[1] 이로써 한국 특수교육은 공교육의 체계 속으로 편입되었지만 장애라 명명된 당사자의 절박한 요구를 반영하지 못했다는 점에서 강제성 없는 선언에 머물렀다.

1994년 「특수교육진흥법」은 전면 개정 과정에서 장애운동단체들의 법률안 대신에 학계의 법률안이 선정되었지만, 장애운동단체의 강력한 요구로 특수교육 기회 확대에 대한 강제성 있는 신설 조항을 지켜 낼 수 있었다.[2] 비록 「특수교육진흥법」이라는 용어에서 알 수 있듯이 특수교육은 기본법으로서 필수가 아닌 진흥법[3]으로서 선택 사항으로 남아 있다고 할지라도 장애운동

---

[1] 김병하(2005), 〈특수교육진흥법의 제정과 개정과정 : 그 역사적 함의와 쟁점〉, 《특수교육 저널: 이론과 실천》, 6(1), 449~472쪽.
[2] 곽정란(2004), 〈한국 장애인운동의 특수교육학적 고찰〉, 대구대학교 대학원 석사학위 논문.
[3] 진흥법은 특정 분야나 사업이 잘 이루어지지 않기에 그것을 활성화하기 위한 법

단체의 강력한 요구로 인해 특수교육 기회 확대에 대한 강제성 있는 조항이 포함됨으로써 일반학교에 특수학급이 급격하게 증가하였고 물리적인 통합 교육의 기반을 마련할 수 있었다.

2007년, 장애라 명명된 당사자와 그들의 부모 단체가 직접 내용을 만들고 투쟁한 끝에 「특수교육진흥법」은 폐기되고 장애라 명명된 당사자의 요구를 반영한 「장애인 등에 대한 특수교육법」이 제정되었다. 1990년대 세계적으로 장애인 당사자주의가 확산되면서 중증장애라 명명된 이들의 자립 생활 운동이 활발히 전개되었으며, 이러한 영향으로 각국에서 '장애인차별금지법'이 제정되었다. 한국에서는 2001년부터 중증장애라 명명된 이들의 이동권을 확보하기 위해 '장애인이동권연대'가 만들어졌고, 이어서 58개 장애운동단체가 연대하여 '장애인차별금지법 제정추진연대'가 만들어져 적극적인 운동의 결과 한국 사회에 장애 관련 대부분의 법이 이 시기에 제정되거나 개정되었다. 장애인 당사자주의 확산과 장애운동의 성장은 장애라 명명된 이들의 교육권 운동에도 영향을 미쳐 2003년 장애라 명명된 당사자, 그들의 부모 및 특수 교사로 구성된 전국장애인교육권연대가 결성되었다. 장애인교육권연대는 장애라 명명된 교육 당사자의 교육권이 보장

률로, 해당 분야나 사업에 대한 지원 및 활성화를 위한 제도나 기구를 마련하는 것이 주요 목적이다. 한편, 기본법은 특정 분야나 사업과 관련된 국가나 지방자치단체의 기본적인 법적 원칙이나 규정을 정하는 법률이므로, 국가나 지방자치단체의 업무를 수행하고 국민의 권리와 의무를 규정하는 데 많은 의무 조항이 포함되어 있다.

되지 못하고 있는 한국의 교육 현실을 해결하기 위해 특수교육 예산 확보 운동을 시작으로 장애라 명명된 이들의 교육권 쟁취를 위한 운동을 시작하였다. 이러한 전국적 운동의 결과 교육 전문가들과 정부의 안인 「특수교육진흥법」 전면 개정 내용을 누르고 「장애인 등에 대한 특수교육법」이 2007년 4월 30일 국회의원 258명 중 257명의 찬성으로 국회를 통과한 것이다.

무엇보다 「장애인 등에 대한 특수교육법」의 가장 큰 특징은 「특수교육진흥법」과는 달리 장애라 명명된 당사자, 그들의 부모, 특수 교사가 문제 제기부터 국회 진입까지 주도하였다는 것이다.[4] 기존의 법 제정 과정들은 전문가 중심의 특수교육 정책 설계와 집행이라는 특징으로 인하여 장애라 명명된 당사자들의 문화와 요구가 적절히 반영되지 못했다는 한계를 지녔다.[5] 다시 말해 이 법의 통과가 갖는 의미는 각종 장애라 명명된 이들의 삶을 관통하는 장애 관련 법들이 당사자의 의견과 문화를 철저히 배제했던 역사에 대한 심판이며, "Nothing about us, Without us(우리가 없다면 우리에 관한 것도 없다)"로 대변되는 장애인 당사자주의에 따라 사회적으로 억압당했던 당사자들의 교육 현실과 요구를 실제적으로 반영한 것이다. 이로써 장애라 명명된 영아부

---

[4] 권순성(2010), 〈「장애인 등에 대한 특수교육법」의 정책 의제 설정 과정에 관한 연구〉, 서강대학교 교육대학원 석사학위 논문.
[5] 안상권(2010), 〈장애인부모단체의 발전과 활동이 가지는 특수교육학적 함의 고찰〉, 대구대학교 대학원 석사학위 논문.

터 성인까지 평생교육으로서 생애 주기별 교육의 기회를 확대하였으며, 장애라 명명된 당사자들의 요구를 적극적으로 반영하여 통합 교육 및 부모 참여에 있어 강제성 있는 조항이 신설되었다.

분리 교육 중심 현행 특수교육법 위상의 문제와 대안 :
"특수와 일반 교육을 통합한 하나의 교육법의 필요성"

「장애인 등에 대한 특수교육법」의 제정이 장애운동의 성과이자 법규 안에 여러 실효성 있는 조항을 담고 있는 것은 사실이지만 한편으로는 분리 교육을 강화한다는 비판을 받아 왔다. 특수교육법은 여전히 장애를 개별의 신체적 결함으로 보고 그 결함을 교정하기 위해 개인을 분리해서 교육하는 '장애에 대한 의료적 모델'에 기반하고 있다.[6] 그 결과 대표적인 분리 교육 기관인 특수학교는 지속해 증가하고 있다. 이렇게 한국의 특수교육법과 정책이 분리 교육 중심의 의료적 모델에 기반하고 있음에 대해 최근 유엔장애인권리협약위원회는 심각한 우려를 표했다.[7]

유엔장애인권리협약위원회는 장애라 명명된 학생 통합 교육

---

[6] 유엔(2022), 〈유엔장애인권리협약에 관한 한국 정부의 2차 및 3차 이행 보고서에 관한 유엔장애인권리협약위원회의 검토 의견〉.(tbinternet.ohchr.org/_layouts/15/TreatyBodyExternal/TBSearch.aspx?TreatyID=4&DocTypeID=5(2023년 4월 2일 접속))
[7] 유엔(2022), 앞의 보고서.

을 위해 개별 학생을 분리하고 교정하는 의료적 모델이 아닌 학생 개인을 둘러싼 환경을 평가하고 지원하는 '인권적 모델'로 전환할 것을 요구한다. 즉, 통합 교육에서 학생 참여를 높이기 위한 개별 맞춤 환경을 마련하고 지원을 제공하기 위한 통합 교육 정책과 법을 마련할 것을 강력히 촉구했다. 한국을 포함해 전 세계 88개 국가가 비준한 〈유엔장애인권리협약〉(장애인권리협약) 제24조는 "장애인은 자신이 속한 지역 사회에서 다른 사람과 동등하게 통합적인 양질의 무상 초등교육 및 중등교육에 접근할 수 있어야 한다"고 밝히고 있다.[8] 장애인권리협약 제24조 실현을 위해 협약 비준 당사국은 모든 교육 자원을 특수학교라는 분리 교육에서 일반학교라는 통합 교육 환경으로 전환하기 위한 구체적인 법과 정책을 수립하고 실행할 것을 권고받는다.[9]

장애인권리협약 당사국 중 이러한 환경을 만들기 위해 법과 제도를 전면 개혁했던 국가로 노르웨이가 있다.[10] 노르웨이는 '모

---

[8] 유엔(2006), 〈유엔장애인권리협약〉.(social.desa.un.org/issues/disability/crpd/convention-on-the-rights-of-persons-with-disabilities-crpd(2023년 3월 12일 접속))

[9] 유엔(2016), 〈유엔장애인권리협약 24조 일반권고 4번 : 통합 교육에 대한 권리〉. (www.ohchr.org/en/documents/general-comments-and-recommendations/general-comment-no-4-article-24-right-inclusive(2023년 3월 12일 접속))

[10] Maxwell, G. R. & Bakke, J.(2019), Schooling for everyone: Norway's adapted approach to education for everyone. In M. C. Beaton, D. B. Hirshberg, G. R. Maxwell & J. Spratt(Eds.), *Including the north: A comparative study of the policies on inclusion and equity in the circumpolar north*(pp. 89-107), Lapin yliopisto.(hdl.handle.net/11374/2288)

두를 위한 학교 School for All'라는 대원칙에 따라 성별, 지역, 언어, 인종, 장애, 사회 경제적 배경과 상관없이 한 학교에서 모든 학생에게 동등한 교육의 기회를 제공하기 위해 제도적 노력을 기울여 왔다.[11] 우선 1739년 성별, 사회 및 경제적 지위와 상관없이 누구나 무상으로 초등교육을 받는 〈초등무상교육법〉을 제정한다. 나아가 인구 대비 넓은 국토로 인한 도서 지역 거주 시민들의 교육 소외 현상을 해결하고자 1889년에는 초등부터 대학까지 하나의 공교육 체계를 마련하기 위한 〈시민학교법 Folk School Act〉을 제정한다. 비슷한 시기에 장애라 명명된 학생 교육의 필요성이 대두되어 공립 특수학교 설립에 대한 법인 〈특수학교법 Special School Act〉이 제정된다. 하지만, 장애라 명명된 이들이 정상적인 시민으로 함께 살아가기 위해서는 특수한 생활 시설이나 특수학교가 아닌 지역 사회 내에서 가족 및 이웃들과 함께 정상적인 삶의 공간과 방식으로 살아가야 한다는 1960년대 북유럽에서 시작된 정상화 Nomalisation 운동의 영향으로 1975년 〈특수학교법〉은 폐기되고 1990년 1월 1일을 기점으로 모든 특수학교는 문을 닫는다. 비로소 특수학교는 없어지고 특수교육 관련 조항은 〈일반교육법

---

[11] Johnsen, B. H.(2014), From Historical Roots to Future Perspectives towards Inclusive Education. Debates, Policy and Practice, In B. H. Johnsen(Ed.), *Theory and Methodology in International Comparative Classroom Studies*(pp.16-34), Cappelen Damm Akademisk.(press.nordicopenaccess.no/index.php/noasp/catalog/view/130/647/4642)

Education Act〉에 편입됨으로써 하나의 통일된 공립 학교 시스템에서 '모두를 위한 학교'의 원칙은 외형적으로 완성된다.

모든 특수학교를 폐교함으로써 하나의 학교 unitary school 형태를 만드는 것을 넘어 실질적 통합 교육 실현을 위해 1990년대 〈일반교육법〉과 제도에 대대적 개혁이 이루어진다.[12] 1990년대 교육 개혁의 주요 내용은 폐교한 특수학교를 일반학교 특수교육 지원을 위한 특수교육지원센터 STATPED 로 전환하고, 모든 학생의 개별 요구에 적합한 개별맞춤교육 Individually Adapted Education 을 일반 교육의 원칙으로 정하며, 국가 수준 교육과정은 국가 교육의 대원칙만 제시하고 구체적 교육 내용은 학교 및 교사가 학생 개별 요구에 맞게 선택할 수 있도록 간소화하였을 뿐 아니라, 학생 개별 요구에 맞는 다양한 형태의 공립 대안 교육 기관을 확대한다.

노르웨이가 특수교육 관련 법을 폐기하고 〈일반교육법〉에 특수교육 관련 내용을 편입시킴으로써 하나의 학교교육 시스템을 구축한 점은 한국의 특수교육법에 시사하는 바가 크다. 특별법으로서 특수교육법은 학생들을 장애 유형에 따라 분류하고 분리하여 특별한 교육 방법을 적용하도록 요구한다. 이러한 접근 방식은 장애와 무관하게 동등하고 통합적인 교육 환경 속에서 교육받아야 할 인간의 권리를 침해할 소지가 크다. 서두에서 밝힌 바와 같이 일반법인 「초·중등교육법」에서 분리된 장애라 명명된

---

12 Johnsen, B. H.(2014), 앞의 책.

학생에게 국한되는 특수교육법은 특별하고 특수한 법이니 일반 학생을 위한 일반학교 교육에서 우선 고려해야 할 사안이 아니라는 태도는 특별법 우선의 원칙을 무용지물로 만든다. 나아가 통합 교육은 특수 교사 혹은 특수학급 단위에서 실현할 수 있는 것이 아니라 학교 전체 교육 환경과 지원에 있어 변경이 요구되는 일이다. 즉, 개인의 결함을 진단하고 교정하기 위해 분리하는 의료적 모델을 넘어 개인의 참여를 높이기 위해 학교 환경 및 지원을 평가하고 변화시키는 인권적 모델에 기반한 교육을 실현하려면 통합 교육을 위한 특수교육적 지원에 대한 내용이 일반교육법에 편입될 필요가 있는 것이다.

통합 교육을 실현하기에 구체성이 부족한 특수교육법 조항과 대안 :
"실효성 없는 차별 금지, 조기 교육, 의료적 지원, 개별화교육계획 및 특수 교사 배치 기준"

특수교육법 조항 중에 통합 교육을 실현하기에 구체성이 부족해 개선이 필요한 부분도 여럿 있다. 궁극적으로는 특수와 일반 교육을 통합한 하나의 교육법이 필요하지만 시간이 필요한 일이니만큼 그 전에 법규 개정을 통해 시급히 개선되어야 하는 것들 말이다.

먼저 실효성 없는 차별 금지 조항의 문제다. 특수교육법 제4조에 의하면 각급 학교의 장에게 입학 거부를 포함하여 각종 교육 활동에서 차별을 금지한다. 구체적으로는 "① 장애를 이유로 입학을 거부하는 교육 기회의 부여에 있어서 차별, ② 특수교육 관련 서비스 제공에서의 차별, ③ 수업, 학생 자치 활동, 그 밖의 교내외 활동에 대한 참여 배제, ④ 개별화교육지원팀에의 참가 등 보호자 참여에서의 차별, ⑤ 입학·전학 및 기숙사 입소 과정에서 비장애 학생에게 요구하지 아니하는 보증인 또는 서약서 제출을 요구, ⑥ 학생 생활지도에서의 장애인차별금지법상 규정하는 차별 행위" 등을 금지한다. 비록 차별 금지 조항이 특수교육법에 명시되어 있지만 차별의 대상이 자신의 차별 피해 사실을 적극적으로 밝히기 어려운 장애라 명명된 미성년자이고, 특수교육법 제13조의 2에 따라 차별을 당한 사실을 부모가 인지하고 교육청 내 특수교육 대상자에 대한 인권 침해 사건 신고 시스템에 신고한다고 하더라도 교육청 내부 조사자의 장애 감수성 부족과 조사 권한의 부족 등으로 실제 차별이 시정되는 단계에 이르기 어렵다. 또한, 국가인권위원회에 진정했다 하더라도, 진정에서 조사 그리고 조사 보고서가 나오기까지 지난한 과정과 기다림이 요구된다. 내부 고발자가 없는 이상 그 차별의 실상을 밝히기도 어려운 것이 사실이다.

교육 기관에서 실질적 차별 행위를 감시하기 위해서는 특수교육법 제4조에 차별 방지 옴부즈맨ombudsman 조항을 신설해야 한다. 교육에서 장애라 명명된 학생 차별 금지에 관한 조항이 있어도 그 법 조항 이행을 감시하는 옴부즈맨 제도가 부재하면 학교 내에서 일어나는 장애라 명명된 학생 차별 행위를 방관하거나 방관을 넘어 당연시하도록 만들기도 한다. 유럽의 경우 장애 관련 법들이 만들어지면 관련 법에 대한 옴부즈맨 법을 추가로 만들곤 한다. 그래서 장애 관련 당사자 단체가 언제든지 장애라 명명된 이들을 향한 차별을 감시할 수 있도록 한다. 하지만 우리나라 대다수의 장애 관련 법에는 법 미이행 시 감시할 별도의 강제력이 있는 옴부즈맨 법이 없다. 그래서 항상 법 이행 사항은 법을 이행해야 할 감시 대상자들이 조사하고 감시해 왔다. 내부자가 내부의 위법 행위를 감시하고 보고하는 셈이다. 물론 장기적이고 지속 가능한 방법은 내부자들이 전체주의의 오류에 빠지지 않고 자신의 행위를 부단히 반성하고 사유하고 비판하며 실천할 힘을 길러 주는 것일 것이다. 하지만 시스템 속에서 시스템을 보기는 언제나 쉽지 않다. 그래서 장애라 명명된 학생이 학교에서 차별받거나 배제되지 않기 위해서는 당사자의 시각에서 문제를 조사하고 해결을 촉구할 수 있는 차별 방지를 위한 옴부즈맨 조항을 신설해야 한다.

다음으로, 장애라 명명된 영아 조기 교육 지원의 문제와 대안에 관해 논의하려 한다. 특수교육법 제3조에 의하면 3세 미만의 장애라 명명된 영아 교육은 무상 교육으로 한다. 하지만, 특수교육법 제18조 2항에 따르면 특수학교 혹은 특수교육지원센터 내

영아반에 배치하는 경우에만 특수교육적 지원을 받을 수 있다. 영아들이 집 근처 어린이집에 배치되는 경우 특수교육적 지원을 받지 못하고 있다. 특수교육에서 조기 개입이 장애라 명명된 영아의 발달에 있어 매우 중요함에도 교육 기관인 유치원에 배치되지 않았다고 하여 지원이 부재한 것이다.

장애라 명명된 영아 조기 지원 부재를 해결하기 위해서는 무엇보다 특수교육법 제18조 2항에 장애라 명명된 영아를 "특수학교와 특수교육지원센터"에 배치한다는 조항을 삭제하고 "근거리 유치원에 영아 학급을 설치하여 배치한다"는 조항을 신설할 필요가 있다. 더불어 장애라 명명된 영아 교육을 무상 교육이 아닌 의무 교육으로 격상시켜 교육 비용만 지불하는 것이 아니라 교육을 제공해야 할 의무를 교육청에 부과해야 한다. 단, 부모의 선택에 따라 영아 시기 의무 교육을 거부하고 가정 교육(혹은 홈스쿨링)을 하는 것에 대해서는 의무 교육 위반 벌금 대상에서 제외해 주어야 한다.

세 번째로, 중도중복장애라 명명된 학생의 의료적 지원 문제와 대안에 대해 말해 보고자 한다. 중도중복장애라 명명된 학생의 경우 다양한 의료적 지원 없이는 학교교육이 불가능한 경우가 많다. 상시적 의료적 지원이 생존과 연결되기 때문이다. 예를 들어, 콧줄이나 위루관으로 음식을 섭취할 경우, 압력으로 가래를 강제로 빼내는 석션suction 행위가 하루에도 몇 차례나 반복된다. 그러나 현행「의료법」상 기도 석션, 위루관 음식 투여, 드레

싱 등은 보건복지부 장관의 면허를 받은 의료인만 가능하다. 다행히 학교 보건 교사가 간호사 면허를 가지고 있다면 위와 같은 의료적 지원이 가능하지만, 그마저도 해당 의료 행위로 인한 의료 사고 시 보건 교사에게 지워지는 법적 책임으로 인해 잘 이루어지지 않는 실정이다.

중도중복장애라 명명된 학생을 위한 의료 행위가 가능하기 위해서는 특수교육법 제18조 특수교육 관련 서비스 조항에 "각급 학교의 장은 특수교육 대상자의 투약, 기관 흡인, 위루관 경관 영양 등과 같은 건강을 관리하는 데 필요한 지원을 제공하기 위하여 「학교보건법」 제15조의 2에 따라 보건 교사 또는 보조 인력을 둘 수 있다"는 조항을 신설할 필요가 있다. 더불어, 의료적 지원을 위한 해당 보건 교사 또는 보조 인력의 의료 행위 시 발생하는 의료 사고에 대한 책임을 면하는 면책 특권에 대한 조항도 신설할 필요가 있다.

네 번째로, 교육과정 중심 개별화교육계획 문제와 대안에 관한 논의다. 특수교육법 제2조 7항에 따르면 개별화 교육이란 각급 학교의 장이 특수교육 대상자 개인의 능력을 계발하기 위하여 장애 유형 및 장애 특성에 적합한 교육 목표, 교육 방법, 교육 내용, 특수교육 관련 서비스 등이 포함된 계획을 수립하여 실시하는 교육을 말한다. 이러한 정의에 따르면 비록 특수교육 관련 서비스에 대한 내용이 포함되어 있기는 하지만 개별화교육계획은 장애라 명명된 학생 개인의 부족한 학습 능력을 교정하기 위한 개별화된 교육과정 계획 그 이상도 그 이하도 아니다. 이러한 해석은 기우가 아니다. 특수교육 현장에서 개별화교육계획은 학생 개인별 교육과정 계획으로 특수교육 관련 서비스에 대한 내용은 거의 찾아볼 수 없다.

하지만 〈유엔장애인권리협약〉에 따르면 "장애는 점진적으로 변화하는 개념이며, 손상을 지닌 사람과 그들이 다른 사람과 동등하게 완전하고 효과적으로 사회에 참여하는 것을 저해하는 태도 및 환경적인 장벽 간의 상호작용으로부터 기인한다". 이 정의에 따르면, 장애는 개인 내 능력만의 문제가 아니라 개인의 신체적 조건과 그 조건에 부적합하게 디자인된 사회 환경 내지는 학습 환경의 결과다. 환경은 지원의 영역이다. 어떻게 환경을 장애라 명명된 학생 개인이 과제를 수행하는 데 적합하게 수정할지에 대한 지원 계획이 교육 내용에 대한 계획만큼이나 중요하다고 할 수 있다. 그래서 '개별화교육계획'을 '개별화교육지원계획'으로 그 명칭을 변경할 것을 제안한다. 명칭 변경과 함께 한 학생이 무언가 '할 수 있기' 위해 필요한 교육, 의료, 복지, 직업 관련 총체적 지원 서비스에 대한 지원 계획이 될 수 있도록 해야 한다. 나아가 실질적인 지원 계획으로 개별화교육지원계획이 작성되기 위해서는 무엇보다 지원 서비스를 위한 자원을 마련할 의무를 학교장 내지는 교육감이 책임져야 한다. 그렇지 않고 특수 교사 개인에게 학생 개별 요구에 맞추기 위한 자원을 발굴하고 마련하도록 한다면, 개별화교육지원계획은 그 명칭 변경이 무색하게 다시금 개인별 교육과정 계획으로 돌아갈 수밖에 없다. 이에 개별화 교육지원계획을 위한 각종 지원 서비스에 대한 자원을 학교장 또는 교육감이 마련하도록 하는 의무 조항을 신설해야 한다.

마지막으로, 특수 교사 배치 문제와 대안에 관해 이야기하려 한다. 전국적으로 2022년 10월 기준으로 특수 교사 수는 특수교육 대상 학생 4명당 1명의 특수 교사를 배치하도록 하는 법정 특수 교사 정원 기준의 83% 정도만 확보된 상태이며, 지난 5년간 교육부는 한 번도 특수 교사 법정 정원을 맞추지 못하고 있다.[13] 「장애인 등에 대한 특수교육법 시행령」 제22조는 특수 교원 배치 기준을 학생 4명당 1명으로 규정하고 있지만, 특수교육법 제27조 특수학급 설치 기준은 유치 4명당 특수학급 1개, 초등 및 중학 6명당 학급 1개, 고등 7명당 학급 1개로 규정하고 있기 때문이다. 많은 시·도교육청이 학급 기준으로 특수 교사를 배치하다 보니 정작 시행령에 명시된 특수 교사 법정 정원 확보가 되지 않는 상황이 일어나는 것이다.

그뿐만 아니라 특수학급 설치에 대한 의무를 각급 학교의 장에게 부여함으로써(특수교육법 제27조), 각급 학교에 새롭게 특수교육 대상자가 입학하고자 하거나 특수교육 대상자가 학급당 정원을 넘어서더라도 학교장이 특수학급 신증설을 반대하고 특수

---

13 "특수교육 학생 느는데…교사 줄어 학부모 '눈물'", 〈서울경제〉, 2022년 10월 11일.

교사가 특수학급 증설에 대해 강력히 요구하지 않으면 교육청에서는 행정적으로 특수학급을 신설하거나 증설할 의무가 없다. 특히, 최근 실질적인 통합 교육이 이루어지기 위해 특수학급 교사 외에 별도의 특수 교사를 통합 교육 지원 교사로 배치하여 교과 내용 전문가인 일반 교사와 통합 교육 지원 교사 간 협력 수업을 해야 한다는 필요성이 대두되는 이 시점에 교사 법정 정원 미충원은 통합 교육의 질에 중요한 문제다.

특수 교사 법정 정원을 확보하기 위해서는 무엇보다 특수교육법 제27조 특수학급 설치 기준을 최소 1인에서 4인 이하로 유치원·초등학교·중학교·고등학교 각급 학교별 모두 통일할 필요가 있다. 나아가 동일한 법 조항에서 특수학급 설치 의무를 각급 학교의 장에서 교육감으로 변경할 필요가 있다. 그러할 때, 학교장이 법적으로 필요하지만 특수학급 신증설 신청서를 교육청에 제출하지 않아 특수학급이 신증설되지 못하거나 특수 교사가 증원되지 못하는 일을 막을 수 있다. 즉, 신증설 의무가 교육감에게 있다면 학교장의 장애 인식 수준이나 신증설 의지와 상관없이 특수학급 신설 및 증설에 대한 책임을 명확히 물을 수 있다.

나가며

시대는 법과 제도라는 정책을 만들고, 정책은 개인의 삶을 관통한다. 눈앞에 보이는 경제 성장만이 시대적 과제였던 시절 만들어졌던 한국의 특수교육법은 산업 일꾼 양성을 위한 자원의 효율적 사용에 충실하게 제도화되었는지도 모르겠다. 그래서 장애와 비장애를 나누고 특수와 일반 교육을 나누는 분리 교육에 더 많은 자원을 사용했는지도 모르겠다. 하지만 이러한 당장의 경제 성장을 위한 효율적 자원 배분이 인류의 지속 가능한 발전을 보장하지 못한다는 사실을 기후 위기와 사회적 갈등의 심화 등을 통해 우리는 충분히 배웠다. 그래서 인류의 지속 가능한 발전을 위해서는 정치·경제·사회·문화 전반에 있어 효율성보다는 인권에 기반하여 누구도 소외되지 않는 통합적 제도를 만들어가기 위해 자원을 재분배해야 한다. 이러한 시대적 과제를 해결하고자 2015년 전 세계 193개 유엔 회원국이 모여 〈지속가능발전목표〉를 정하고 만장일치로 통과시킨다.

〈지속가능발전목표〉는 인류의 보편적 문제(빈곤, 질병, 교육, 여성, 아동, 난민, 분쟁 등)와 지구 환경 문제(기후 변화, 에너지, 환경 오염, 물, 생물 다양성 등), 경제 사회 문제(기술, 주거, 노사, 고용, 생산 소비, 사회 구조, 법, 대내외 경제)를 2030년까지 17가지 주요 목표와 169개 세부 목표로 해결하고자 이행하는 국제적 공동 목표다.[14] 이 목표를 이행하는 데 중요한 원칙 중 하나가 인권에 기반한 누구도 소외시키지 않는 발전 계획이다.[15] 지속 가능한 발전을 위해서는 누구도 소외시키지 않는 제도를 만들어 가는 것이 시대적 요구가 되었다. 그래서 지속 가능한 교육을 위해서 한국 정부는 교육 자원을 지속 불가능한 교육 형태인 분리 교육에서 통합 교육으로 전환하도록 온 힘을 다해야 할 것이다.[16] 이 노력의 첫 단추로서 특수교육법이 장애라 명명된 학생 분리 교육이 아닌 일반 교육에서 통합적 교육 환경을 만들 자원 전환의 근거를 마련하기 위한 사회적 논의가 시작되길 기대해 본다.

    마지막으로 통합 교육을 향한 특수교육법 개혁에 관한 사회적 논의에서 장애라 명명된 당사자 단체의 적극적인 참여와 제안을 기대해 본다. 결국 사회적 소수자의 문제는 사회적 소수자로 살아온 당사자의 역사 속에서 발견될 수 있으며, 당사자를 배제한 어떠한 법도 당사자의 삶을 실질적으로 변화시킬 수 없다. 우리는 장애라 명명된 이들의 삶에 영향을 미치는 특수교육법도 결국 역사적 과정에서 장애운동의 성장과 함께 실질적으로 발전할 수 있음을 확인하였다. 앞으로의 특수교육 관련 문제들도 장

---

14 환경부(2018), 〈유엔 지속가능 발전목표〉.(ncsd.go.kr/api/unsdgs%EA%B5%AD%EB%AC%B8%EB%B3%B8.pdf(2023년 4월 10일 접속))
15 유엔(2021), 〈2030 Agenda: Universal Values〉.(unsdg.un.org/2030-agenda/universal-values(2023년 3월 12일 접속))
16 한국장애인개발원(2022), 〈유엔장애인권리협약 일반논평(3, 4호) 안내서〉.(koddi.or.kr/data/research01_view.jsp?brdNum=7415449(2023년 4월 10일 접속))

애라 명명된 당사자들의 목소리를 반영하여 해결하기 위해 노력해야 할 것이다.

다음 글에서는 '누구를 위해 '직업 교육'은 존재하는가'에 대해 논의해 보고자 한다. 특수교육법에 장애라 명명된 학생들의 진로와 직업 교육 지원을 위한 상세한 조항들이 존재할 뿐 아니라 중등 특수교육의 꽃은 직업 교육이라 하지만, 실제 중등 특수교육 현장의 직업 교육은 실망스럽기 그지없다. 이에 우선 장애라 명명된 고등학생을 위한 진로와 직업 교육의 어떤 모습이 나를 실망시켰는지에 대해 말해 보고자 한다. 다음으로, 이 실망스러운 현실의 배후에 자리 잡고 있는 학교 사회의 구조적 문제점에 대해 밝혀 보고자 한다. 마지막으로 그런데도 이 실망스러운 현실을 바꾸기 위해 고군분투한 고등학교 특수 교사 한 개인으로서 나의 실천에 대해 말해 보고자 한다.

7장

누구를 위해 '직업 교육'은 존재하는가

스티커 붙이기식 교육은 필요 없다

들어가며 :

"스티커 부착 같은 단순 반복 작업도 중요하잖아요!"

중학교에서 일할 때였다. 어쩌다 보니 우리 지역 중학교 특수 교육 연구회 총무를 맡았다. 연구회 일로 이웃 학교 동료 특수 교사를 방문할 일이 있었다. 동료 특수 교사는 약속 시간보다 조금 일찍 도착한 나에게 수업 중이니 학습도움실 뒤편 의자에 앉아 잠시 기다려 달라고 부탁했다. 수업 중이라 하기에는 너무 조용했다. 한 아이는 자기 이름을 공책에 반복해서 쓰고 있었고, 다른 아이들은 스티커 라벨을 박스에 붙이고 있었다. 침묵 속에서 반복되는 아이들의 활동을 가만히 보고 있으니, 하품이 절로 났다. 하품 소리와 함께 울린 수업 종료 종소리가 그렇게 반가울 수 없었다. 종소리와 함께 하품을 숨기기 위해 손으로 입을 가린 나를 향해 그 학교 특수 교사가 다가왔다. 그리고 내가 묻지도 않았는데 애써 자신의 수업에 대해 다음과 같이 설명하였다. "아이들 장애도 중하고, 스티커 부착 같은 단순 반복 작업도 직업 활동으로 중요하잖아요!"

내가 목격한 그 수업은 바로 '진로와 직업' 교과 수업이었다. '진로와 직업'은 학생들이 고등학교 졸업 이후 자신의 삶을 위해 진로와 직업을 탐색하고 선택할 수 있도록 지원하는 중·고등학교 교과 중 하나다. 장애라 명명된 학생들이 성인기 삶으로 원활히 전환할 수 있도록 지원하는 데 매우 중요한 교과이기도 하다. 이에 「장애인 등에 대한 특수교육법」(특수교육법)은 '진로 및 직업교육의 지원'에 관한 별도의 조항을 명기해 놓았다.[1] 또한, 각 지역의 특수교육지원센터는 장애라 명명된 중·고등학생의 효과적인 진로와 직업 교육 지원을 위해 한국장애인고용공단 지부와 같은 해당 지역 직업 및 고용 관련 기관과의 협의체를 구성하여야 한다.[2] 마지막으로 각 지역 교육감은 진로 및 직업 교육을 위한

---

[1] 「장애인 등에 대한 특수교육법」 제23조(진로 및 직업교육의 지원) ① 중학교 과정 이상의 각급 학교의 장은 특수교육대상자의 특성 및 요구에 따른 진로 및 직업교육을 지원하기 위하여 직업평가·직업교육·고용지원·사후관리 등의 직업재활훈련 및 일상생활적응훈련·사회적응훈련 등의 자립생활훈련을 실시하고, 대통령령으로 정하는 자격이 있는 진로 및 직업교육을 담당하는 전문인력을 두어야 한다. ② 중학교 과정 이상의 각급 학교의 장은 대통령령으로 정하는 기준에 따라 진로 및 직업교육의 실시에 필요한 시설·설비를 마련하여야 한다.
「장애인 등에 대한 특수교육법 시행령」 제18조(진로 및 직업교육을 위한 시설 등) ① 중학교 과정 이상 각급 학교의 장은 법 제23조 제2항에 따라 진로 및 직업교육을 위하여 66제곱미터 이상의 교실을 1개 이상 설치하여야 한다.
[2] 「장애인 등에 대한 특수교육법 시행령」 제18조 2항.

교실 설치, 운영 경비, 전문 인력 배치 비용을 지원해야 한다.³

특수교육법에 명시된 장애라 명명된 학생을 위한 진로와 직업에 관한 지원 조항은 특수학교와 일반학교 모두에 공통으로 적용된다. 특수학교의 경우 별도의 「특수학교시설·설비기준령」에 의거하여 장애라 명명된 학생들의 진로와 직업 교육 지원을 위한 구체적이고 추가적인 시설 설치 의무를 지닌다.

이리도 상세한 조항들이 장애라 명명된 학생들의 진로와 직업 교육 지원을 위해 존재함에도 불구하고 중학교 진로와 직업 교육이 스티커 붙이기식 반복 훈련 수준을 벗어나지 못하는 이유는 무엇일까? 백번 양보해서 '중학교라서 그럴 수 있지 않을까'라는 자조 섞인 위안을 해 봤다. 법령은 있지만 구체적인 성인기 진로나 직업에 대해 말하는 것은 중학생에겐 당장 시급한 일이 아닐 수도 있다며 말이다. 그래서 고등학교는 좀 다르리라는 기대에 고등학교로 전보 내신⁴을 냈다. 다행히 나의 바람과 같이 고등학교로 자리를 옮길 수 있었다. 하지만 나의 기대가 너무 높아서일까. 고등학교에서의 장애라 명명된 학생을 위한 진로와 직업 교육

---

3 「장애인 등에 대한 특수교육법 시행령」 제18조 3항.
4 국·공립 학교 교원은 3~5년 주기로 학교를 이동하는데, 이 전보를 위해 교원은 자신의 근무 실적과 함께 근무 희망 지역 및 학교 급을 내신서에 작성해서 교육청에 제출해야 한다. 중등 특수 교사의 경우 중학교, 고등학교, 특수학교, 또는 특수교육지원센터 중 자신이 선호하는 근무지를 내신서에 기재하면 교육청은 특수 교사의 선호도를 최대한 고려하여 근무지를 배정한다.

도 실망스럽기는 마찬가지였다.

본격적인 논의에 앞서 이 글은 장애라 명명된 학생들이 거주하는 동네 학교 내지는 일반학교에서 그 학생들을 위해 시행되는 진로와 직업 교육 상황만을 전제하여 기술하였음을 밝힌다. 이는 UNESCO에서 제시하는 다음의 통합 교육 원칙과 일맥상통한다. 2020년 발행된 UNESCO 〈통합과 교육〉[5]에 관한 보고서에 따르면, 통합 교육은 모든 아동 및 청소년이 자기 동네에 있는 정규 학교에 입학 및 참여하는 것은 물론이고 교육적 성취를 보장하기 위한 역량을 구축하는 과정이다. 즉, 장애와 비장애를 넘어 누구든지 분리된 형태의 특수학교가 아닌 동네에 있는 일반학교에 다닐 수 있어야 하고, 그들의 교육을 가로막는 일반학교 내 각종 장벽을 제거하기 위한 노력 그 자체가 통합 교육인 것이다. 이와 같은 통합 교육의 관점에서 일반학교에 재학 중인 장애라 명명된 학생들을 위한 진로와 직업 교육의 척박한 현실과, 그러한 현실을 조장하는 제도적 구조들, 그럼에도 그 척박한 현실을 전환하기 위한 상상력을 지금부터 제시해 보고자 한다.

---

5 UNESCO(2020), Global education monitoring report 2020: Inclusion and education: All means all.(en.unesco.org/gem-report/report/2020/inclusion(2023년 4월 10일 접속))

진로와 직업 교육을 강조하던 고등학교 교육의 역설 :
"선생님, 이력서에 적을 게 없어서요!"

고등학교 특수 교사로서 제대로 된 진로와 직업 교육을 해 보겠노라는 부푼 꿈을 실현하기 위한 나의 바쁜 일상이 시작되었다. 특수교육지원센터나 복지관 등에서 연계하는 다양한 직업 체험 활동에 학생들과 함께 참여하느라 눈코 뜰 새가 없었다. 바리스타, 제과·제빵, 농업, 공예 활동 등 말이다. 그렇게 학생들과 나는 '동에 번쩍 서에 번쩍' 하며 열심히 하루하루를 보냈다.

어느덧 고등학교 특수 교사로서 첫 1년의 끝자락에 서 있었다. 대학에 진학하지 않고 취업을 희망하는 고3 학생에게는 어느 때보다 분주한 시기가 아닐 수 없었다. 취업을 위한 기업 채용 원서 접수 시기였기 때문이다. 장애라 명명된 이들에 대한 기업체 특별 채용이라 하더라도 일반 채용과 같이 지원서 작성 시 이력서 제출은 필수였다. 교사 채용 시 임용 시험만 봤지 취업 지원서를 써 보지 않았던 입장에서 학생들의 이력서 작성 및 면접 준비를 돕는 데에 어려움이 있었다. 다행히 지역에 있는 한국장애인고용공단 지부가 운영하는 학생 이력서 작성 강좌에 학생들과 함께 참가할 수 있었다. 이력서 작성 강의를 맡은 강사는 취업하고자 하는 기업체 관련 자격증을 보유하고 있는 것이 기업체 취업에 무엇보다 유리하다고 했다. 그래서 자격증란을 어떻게 돋보이게 작성할지를 비중 있게 설명해 주었다.

그런데 보유 자격증란을 작성하려 하는데, '대략 난감'한 상황에 직면했다. 이력서에 쓰고 싶어도 쓸 자격증이 없는 것이다. 1년 내내 그렇게 열심히 다양한 직업 체험 프로그램에 따라다녔는데, 막상 졸업할 때가 되니 체험한 직업에 대한 기능을 증명할 자격증 한 장 없는 것이다. 대다수의 참여 학생들이 이력서 자격증란을 채우지 못하자 강사가 "왜 이력서란은 공란으로 비워 두었나요?"라고 물었다. 이 물음에 학생들은 겸연쩍은 목소리로 "선생님, 이력서에 적을 게 없어서요"라고 말했다.

이력서 작성 강의 참여를 마치고 학교로 돌아와 혼자서 곰곰이 생각해 보았다. 그렇게 열심히 직업 교육을 했는데 왜 졸업생 이력서에 적을 자격증 하나 없었는지에 대해 말이다. 고등학교 특수교육의 꽃은 진로와 직업 교육이 아니었던가? 그런데 고등학교 3년 동안 그렇게 열심히 진로와 직업 교육을 했음에도 취업 관련 자격증 하나 취득하지 못한 채 학생들을 졸업시키고 있었다는 말인가?

실제 기능보다는 취업을 위한 단순 스펙으로서의 자격증이 갖는 폐해에 대한 논의는 접어 두더라도, 특수 교사로서 나는 장애라 명명된 고등학생의 졸업 후 성인기 삶을 준비하는 데 실질적 도움이 되는 노력을 했던가에 대한 회의감이 들었다. 그랬다. 고등학교 직업 교육이 중요하다고 말은 하지만, 정작 그 내용은 일회성 체험 활동 수준에 머물러 있었던 것이다. 진로와 직업 교육은 고등학교 특수교육의 꽃이라던 선배 특수 교사의 자부심과 달리 역설적이게도 고등학교 직업 교육은 단순 체험 활동 수준에 머물러 있었다. 하지만 이는 그저 장애 때문에 할 수 없을 것이라는 편견에 갇혀 시도조차 하지 않았던 것은 아니었을까? 할 수 있고 없음은 사회 문화적 도구 내지는 환경의 산물임에도 불구하고,[6] 환경의 문제를 학생 개인의 문제로 치환하며 특수 교사로서 나는 부지런히 체험 활동을 쫓아다녔음을 위안 삼으며 말이다.

법령은 그저 종잇조각에 불과했다 :
"없어도 너무 없다"

그렇다면 현재 일반 고등학교 환경은 장애라 명명된 학생이 제대로 자신의 진로와 직업을 설계하고 졸업 후 직업을 가질 수 있도록 마련되어 있을까? 먼저 결론부터 말하자면 "없어도 너무 없다". 특수교육법에 명기된 의무 사항들도 지켜지지 않고 있으니 말 다했다.

첫째, 진로 및 직업 교육 실시에 필요한 시설 및 설비가 고등학교에 마련되어 있지 않다. 특수교육법이 명기한 최소 20평 규모의 진로 및 직업 교육을 전문적으로 시행할 공간이 학교에는

---

6 김도현(2019), 앞의 책, 31~34쪽.

없다. 물론 학습도움실이 있기는 하지만, 학습도움실 타 교과 교육 활동과 업무에 필요한 기본적인 시설들뿐 전문적 직업 교육을 위한 시설은 부재하다. 그래서 대다수의 고등학교에서는 외부 직업 교육 기관의 시설이나 프로그램을 이용하기는 하지만 학습도움실 운영비로는 학생 개개인이 직업 기능을 쌓기 위한 실질적인 직업 훈련 프로그램 비용을 감당할 수가 없다.

둘째, 직업 교육을 위한 전문 인력이 배치되지 않고 있다. 물론 특수 교사가 단순 체험 학습식 직업 교육은 할 수 있으나, 장기적인 훈련 없이 취업을 위해 필요한 전문적인 직업 교육을 제공하는 것에는 어려움이 있다. 이러한 전문적 직업 교육을 위한 강사를 모셔 와서 양질의 직업 교육을 제공하기에는 역시나 학습도움실에 주어지는 운영비가 턱없이 부족하다.

셋째, 각 시·도교육청 직속 특수교육지원센터가 지역 사회 기관과 연계해서 제공하는 직업 교육 프로그램이 일회성이거나, 장기 프로그램이라 하더라도 단순 체험 수준을 벗어나지 못하고 있다. 심지어는 지원센터에서 직접 제공하는 프로그램들마저 전문적 직업 기능을 기르기 위한 교육과정으로 운영되는 것이 아니라 단순 체험 학습 수준에서 이루어지고 있다.

앞서 언급한 이 세 가지 문제점은 근본적으로 각 지역 교육감이 장애라 명명된 중·고등학생을 위한 진로 및 직업 교육 교실 설치, 운영 경비, 전문 인력 배치 비용을 지원해야 함에도 불구하고 이를 방기하였기 때문이다. 그 방기의 결과, 장애라 명명된 고등

학생을 위한 진로와 직업 교육은 그 꽃을 피우지 못하고 단순 체험 학습 수준에 머물게 된 것이다.

진로와 직업 교육의 위기를 기회로 전환하기 :
"제도를 넘어 지역 사회의 힘을 믿어 보기로"

장애라 명명된 고등학생의 진로와 직업 교육을 위해 오늘을 살아야 하는 한 특수 교사로서 제도적 한계를 넘어 그 현실을 전환하기 위한 돌파구가 필요했다. 교육청에 부탁하거나 민원을 넣는다고 해서 당장 예산이 마련될 리 만무했다. 고등학교 부임 첫해이기에 고등부 진로와 직업 교육의 척박한 현실을 자각하는 시기였다고 위안 삼더라도 다음 해에 졸업하는 학생들마저 이런 상황에서 졸업시킬 수는 없는 노릇이었다. 실질적인 대책 마련이 시급했다. 그래서 지역 사회의 문을 두드리기로 했다. 제도를 넘어 지역 사회의 힘을 믿어 보기로 한 것이다.

우선 지역 사회의 기부 단체들과 연락처를 알아보았다. 그리고는 각 단체에 무작정 전화 문의부터 했다. 발달장애라 명명된 학생들의 직업 교육을 위해 시설이 필요하다고 말이다. 대다수의 단체들이 연말이라 지원금이 이미 다 소진되었다며 지원을 거절했다. 지원이 가능하다 하더라도 내년 상반기에 신청하면 하반기에나 지원해 줄 수 있다고 했다. 수십 통의 전화 문의 끝에 지원을 고려해 보겠다는 두어 개 단체가 나섰다. 우선 구체적인 사업 계획서를 작성해서 보내 주면 살펴보겠다고 했다.

그렇게 발달장애라 명명된 고등학생 대상의 직업 교육 프로그램 운영을 위한 시설 마련 사업 계획서를 작성하기 시작했다. 사업의 주요 골자는 이러했다. 우선, 바리스타와 제과·제빵 기능사 자격증 검정장 기준에 부합하는 직업 교육 시설을 우리 학교 학습도움실에 설치한다. 당시 바리스타와 제과·제빵사가 발달장애라 명명된 학생들의 인기 취업 종목이었기에 그 시설들을 설치하려 했던 것이다. 그렇게 설치된 우리 학교 시설을 지역 사회 고등학교에 재학 중인 발달장애라 명명된 학생들에게도 공유함으로써 타 학교 학생들도 함께 교육받을 수 있게 한다. 이 자격증 반을 진행할 직업 교육 전문 강사분들을 지역 사회 평생교육 기관에서 지원받기 위해 우리 학교와 평생교육 기관 간에 업무 협정을 맺는다. 나아가, 우리 학교에서 직업 교육을 이수한 학생들은 바리스타 협회와 업무 협정을 맺어 그 협회에서 발행하는 바리스타 자격증 검정을, 평소 교육을 받던 장소인 우리 학교에서 볼 수 있도록 한다. 마지막으로, 이 교육을 이수한 학생들이 이력서 작성과 면접 준비를 위한 특강을 매 학기 말에 받을 수 있도록 제공한다. 이 또한 지역 사회 취업 준비를 지원하는 사회적 기업과 업무 협정을 맺어 무상으로 이루어질 수 있도록 한다.

이와 같은 골자로 작성된 사업 계획서가 최종적으로 한 기부 단체에서 공모하는 기부금 신청 자격 요건에 부합해 그 단체에

서류를 제출하였다. 그 기부 단체가 국제적인 단체였던 관계로 한국은 물론이고 대만과 미국에서 모인 기부금이었기에 그 금액도 컸다. 그렇게 기부받은 5700만 원으로 바리스타 및 제과·제빵 자격증 검정장 기준에 맞는 시설을 최종 설치할 수 있었다. 설치 과정에서 평소 알고 지내던 바리스타 및 제과·제빵 학원장들이 교육장 설치를 위한 조언을 해 주고 각종 기구 납품 업체도 연계해 주었는데 나에게 큰 힘이 되었다. 지역 사회의 힘을 톡톡히 느낀 것이다. 또한, 기부금으로 바리스타 및 제과·제빵 설비 이외에도 학생 1인당 1대의 노트북도 구매할 수 있게 되었다. 이 컴퓨터를 활용하여 우리 학교 학생들만을 위한 컴퓨터 자격증 과정 교육도 진행할 수 있었다.

그렇게 특수 교사 한 개인으로부터 시작된 장애라 명명된 고등학생에 대한 진로와 직업 교육에 대한 고민은 한 학교를 넘어 지역 사회와 접속함으로써 위기를 기회로 전환하는 씨앗이 되었다. 그 결과 우리 학교에서 시행한 자격증 과정을 이수한 학생들 중 50%가량이 바리스타, 제과·제빵, 혹은 컴퓨터 자격증 하나 이상은 취득하고 졸업할 수 있었다. 이러한 자격증 취득과 함께 이력서 작성 및 면접 대비를 통해 이수생 중 졸업 전 정규직 바리스타로 취업에 성공하는 사례도 있었다.

나가며

문화심리학자 안나 스테첸코^{Anna Stetsenko}는 배움이란 현상 유지를 넘어 자신이 간절히 추구하는 미래를 실현하고자 하는 실천적 행위를 통해 자기가 속한 사회 속에서 자신의 위치를 찾아가는 현실 전환적 활동이라고 했다.[7] 이번 학교에서는 지역 사회 덕에 장애라 명명된 고등학생의 진로와 직업 교육에서 위기를 기회로 전환하는 큰 배움을 얻을 수 있었다. 그리고 장애라 명명된 학생들도 직업 교육을 위한 적절한 환경적 지원이 이루어진다면 충분히 직업 기능을 획득할 수 있다는 가능성도 확인할 수 있었다.

하지만 5년 뒤 이동해야 할 다른 고등학교에서 제도적 지원이 뒷받침되지 않는다면 과연 학생들에게 실질적으로 도움이 되는 직업 교육을 실천할 수 있을지 여전히 의문이 든다. 그래서 장기적으로는 특수교육법에 명시된 장애라 명명된 고등학생들을 위한 진로와 직업 교육 지원에 관한 조항들만이라도 제대로 시행될 필요가 있음을 절감한다. 그래서 내가 대한민국 교육부는 바꾸지 못하더라도 우리 지역 교육청만이라도 진로와 직업 교육 지원법 조항을 지킬 수 있도록 요구해야겠다는 다짐을 해 본다. "세계

---

7 Stetsenko, A.(2017), *The transformative mind: Expanding Vygotsky's approach to development and education*, Cambridge University Press.

적으로 사고하고 지역적으로 행동하라"는 프랑스 기독교 마르크스주의자 자끄 엘륄Jacques Ellul의 말처럼 말이다.[8]

다음 글에서는 '누구를 위해 '약물'은 존재하는가'라는 주제로 발달장애라 명명된 이들의 항정신병 약물 처방의 문제점과 실태에 대해 논의해 보고자 한다. 먼저, 발달장애라 명명된 이들의 약물 복용을 학교 사회가 권유 또는 강요하는 것은 아닌지에 대해 생각해 보고자 한다. 다음으로, 학교 사회가 권유하는 약물이 발달장애라 명명된 학생과 교사 모두에게 배움의 기회를 박탈하는 것은 아닌지에 대해 고민해 보고자 한다. 그래서 한 특수 교사로서 발달장애라 명명된 학생들에게 항정신병 약물을 권하는 학교 사회에 저항했던 실천 경험을 나누고자 한다.

---

[8] 자끄 엘륄, 김재현·신광은 옮김(2010), 《세계적으로 사고하고 지역적으로 행동하라》, 대장간.

8장

누구를 위해 '약물'은 존재하는가

약물 권하는 학교 사회 비판

들어가며 :

"민재는 오전 내 잠들어 있었다"

5년간 근무하던 한 중학교에서 이웃한 인문계고등학교로 자리를 옮기던 해의 일이다.[1] 전근 간 고등학교에서 첫 출근 날, 설레는 마음으로 학습도움실의 문을 열었다. 문을 열고 들어서는 순간, 덩치 큰 한 학생이 학습도움실 한편에 설치된 벤치 의자에 누워 자고 있었다. 그것도 아침부터 코를 드르릉 골며 말이다. 바로 발달장애라 명명된 한 학생인 민재(가명)였다.[2] 이 광경에 당황한 표정이 역력한 나를 향해 특수교육 실무사 선생님께서는 별일 아니라는 듯 "자게 그냥 두셔요"라고 말씀하셨다. 항상 그렇게

---

1 국공립 학교 교사는 3~5년에 한 번 학교를 옮겨야 한다.
2 「발달장애인 권리보장 및 지원에 관한 법률」 제2조(정의)에 따르면, 발달장애는 지적장애와 자폐성장애를 일컫는다.

해 왔다며 말이다. 자초지종을 들을 틈도 없이 수업 시작종이 울렸고 나는 수업을 우선 진행해야 했다. 수업이 끝나고 그제야 실무사 선생님께 왜 민재가 아침부터 자기 교실인 원적 학급에 있지 않고 학습도움실에서 잠을 자고 있으며, 왜 깨우지 않는지 이유를 들을 수 있었다.

이유인즉 민재가 항정신병 antipsychotic 약물을 복용하기 시작하면서 아침마다 잠에 취해 도무지 일어나지를 않기 때문이었다. 더불어 깨우지 않는 이유는 민재가 깨어나는 순간 친구들을 비롯한 주변 사람들과의 갈등으로 일어나는 위험을 방지하기 위함이었다. 그렇게 점심시간이 될 때까지 민재는 잠들어 있었다. 점심 식사 후 실무사 선생님께서 민재에게 점심 약을 챙겨 주었고, 점심 약을 먹은 민재는 다시금 하교 시간까지 깊은 잠에 빠졌다. 민재와의 만남은 그렇게 잠자는 모습만을 바라보며 시작되었다.

민재와의 허무한 첫 만남을 뒤로하며 퇴근하는 길에 몇 가지 의문이 들었다. 누구를 위해서 민재는 항정신병 약물을 복용하고 있는 것일까? 이 약물은 과연 민재를 위한 것일까? 명분은 민재의 안전을 위한다는 것이지만 실지로는 교사를 포함한 학교 사회 구성원들의 평안함 내지는 편리를 위한 것은 아닐까? 그렇게 학교 사회가 민재에게 약물을 권했거나 강요한 것은 아닐까? 이번 글에서는 이 의문들에 대해 답해 보려 한다. 먼저, 발달장애라 명명된 이들의 항정신병 약물 처방의 문제점과 실태에 대해 논의해 보고자 한다. 다음으로, 발달장애라 명명된 이들의 약물 복용을 학교 사회가 왜 권유 내지는 강요하고 있다고 생각하는지 민재의 사례를 통해 설명하고자 한다. 나아가, 학교 사회가 권유하는 약물이 발달장애라 명명된 학생과 교사 모두에게 '서로 앎'의 기회를 박탈하는 것은 아닌가에 대해 논의해 보고자 한다. 마지막으로, 서로 앎의 기회를 보장하기 위해 발달장애라 명명된 학생들에게 항정신병 약물을 권하는 학교 사회에 저항하기 위해 감행했던 특수 교사로서 나의 고군분투기로 글을 맺으려 한다.

본격적인 논의에 앞서 이 글은 장애를 치료하거나 재활이 필요한 질병이 아닌 사회 활동에서 참여를 제약하는 장벽으로 바라보는 장애학과 일맥상통하는 광기학$^{Mad\ studies}$의 입장을 취하고 있음을 밝힌다.[3] 광기학은 광기를 질병이 아닌 지배적인 구조에 저항하고 도전하는 사고, 기분, 행동 경험으로 바라본다.[4] 이 학문에서 광기는 사회로부터 분리되어 정신의학 전문가에 의해 치료되거나 재활되어야 하는 질병이 아니다. 대신 당사자의 삶의 경험에 귀 기울임으로써, 병원이 아닌 사회 속에서 그들이 광기와 함께 어떻게 살아갈 것인가에 대해 논의해야 함을 강조한다. 즉, 그들을 사회로부터 분리하거나 약물을 강요하는 결정을 하는 데 전문가가 주도하는 현실에 저항하는 실천 학문이다. 이와

---

[3] 윤상원, 〈학교 사회를 향한 장애학의 도전〉, 《오늘의 교육》, 54호(2020년 1·2월), 183~195쪽.
[4] LeFrançois, B. A.,et al.(Eds.)(2013), *Mad matters: A critical reader in Canadian mad studies*, Canadian Scholars' Press.

같은 광기학의 관점에서 '누구를 위해 항정신병 약물은 존재하는지'를 논의함으로써 발달장애라 명명된 학생들에게 약물을 권하는 사회에 대해 비판하고자 한다.

항정신병 약물 처방의 문제점과 복용 실태 :
"발달장애라 명명된 이들의 46.8%가
항정신병 약물을 처방 및 복용 중"

  항정신병 약물은 환각, 망상, 우울, 불안, 불면, 강박, 공격성, 과잉 행동 등과 같은 증상을 치료하기 위해 처방되는 약물이다.[5] 주로 환각 경험과 관련된 도파민이나 우울과 관련된 세로토닌 같은 신경 전달 물질의 분비를 조절함으로써 환각이나 우울한 감정을 줄이는 데 사용한다.
  하지만 항정신병 약물 처방에 두 가지 난점이 존재한다. 하나는 약물 처방의 근거가 되는 정신병 진단의 문제점을 들 수 있다. 정신병 진단 기준의 바이블로서 세계 여러 나라에서 정신병 진단 시 채택하고 있는 '정신 질환 진단 및 통계 편람Diagnostic and Statistical Manual of Mental Disorders, DSM'을 활용하여 청소년의 행동과 감정을 진단했을 때, 그들의 약 80%는 정신병으로 분류될 수 있다

---

5 대한신경정신의학회(2005), 《신경정신의학》, 중앙문화사.

고 듀크 의대 정신과 앨런 프랜시스Allen Frances 교수는 그의 저서 《정신병을 만드는 사람들》에서 주장한다.[6] 이러한 현상에 대해 프랜시스 교수는 DSM이 개정 작업을 거듭하면서 누구나 일시적이고 일상적으로 경험하는 일탈적 감정 및 행동들 다수를 정신병으로 규정하고 확대했기 때문이라고 말한다.[7] 덧붙여 그 배후에 제약 회사로 대표되는 정신의학 산업이 자리 잡고 있다고 주장한다.

예를 들어, 주위 자극에 민감성이 높아 교사의 말에 집중하지 않고 교실을 돌아다니는 아이들의 경우 주의력 결핍 과잉 행동 장애Attention Deficit Hyperactivity Disorder, ADHD로 진단되곤 한다. ADHD는 1968년 DSM의 정신병 분류에 처음으로 포함되었다. ADHD 진단을 받은 아이들은 항정신병 약물의 일종인 리탈린Ritalin과 애더럴Adderall 등의 처방 및 복용을 권고받게 된다.[8] 미국 유아 및 청소년의 7% 이상이 ADHD 치료를 위해 리탈린이나 애더럴을 복용하고 있다고 한다.[9] 이러한 ADHD 치료제에 대한 과잉 처

---

[6] 앨런 프랜시스, 김명남 옮김(2014), 《정신병을 만드는 사람들 - 한 정신 의학자의 정신병 산업에 대한 경고》, 사이언스북스.
[7] 프랜시스 교수는 미국 정신의학회American Psychiatric Association가 주관하는 DSM 편찬 작업에 핵심 편집자로 직접 참여하기도 했다.
[8] Vallée, M.(2019), The countervailing forces behind France's low Ritalin consumption, *Social Science & Medicine*, 238, 112492.
[9] Visser, S. N., et al.(2014), Trends in the parent-report of health care provider-diagnosed and medicated attention-deficit/hyperactivity disorder: United States, 2003-2011, *Journal of the American Academy of Child &*

방은 이를 생산하는 미국 제약업계에 어마어마한 수익을 안겨다 주었다. 한 사람의 행동은 맥락 의존적임에도 불구하고, 맥락 내지는 그 행동이나 감정이 일어나는 사회적 환경을 고려하지 않은 채 문제를 너무나 쉽게 개인 내의 질병으로 환원시켜 얻어 낸 수익이라 할 수 있다.

정신병의 범주를 확대하여 ADHD를 정신병으로 분류하고, ADHD의 원인을 개인 내 질병으로 환원시켜 제약 회사의 배를 불리던 DSM에 대한 반성의 움직임이 프랑스에서 일어난다. '프랑스 정신과 의사 협회French Federation of Psychiatry'는 DSM의 영향에 반대하여 대안적 분류 체계를 개발한다. 이 대안적 분류 체계는 '프랑스 아동기 및 청소년기 정신장애 진단 편람Classification Franaise des Troubles Mentaux de L'Enfant et de L'Adolescent, CFTMEA'으로, CFTMEA는 한 아이의 일탈적 행동을 그 아이 개인 내 질병으로 원인을 돌리고 치료하거나 재활하기보다 아이의 행동 근원이 되는 사회심리학적 원인을 찾아 다루는 데 초점을 둔다. 즉, ADHD가 책상 의자에 얌전히 앉아 교사의 말에 집중해야만 하는 근대 학교 사회라는 학습 맥락 속에서 탄생한 질병임을 인정한다. 나아가 ADHD를 한 아이가 근대 학교 사회 학습 환경에서 경험하는 심리·사회적 장벽 내지는 장애로 정의한다. 그래서 프랑스에서 ADHD로 진단된 아이들에 대한 처방은 약물이 아닌 학교 사회 혹은 교

Adolescent Psychiatry, 53(1), pp. 34-46.

실 학습 환경에 대한 변화로 향한다.[10] 이에 프랑스 유아 및 청소년의 0.2%만이 ADHD 치료를 위해 리탈린이나 애더럴을 복용한다.[11] 7% 대 0.2%. 미국과 프랑스의 ADHD 치료를 위한 항정신병 약물 처방 비율에서의 차이는 인간 행동의 개인 정신병리화psychiatrization의 확대가 항정신병 약물의 과잉 처방과 그로 인한 제약 회사의 이익과 어떻게 연결되어 있는지를 잘 보여 준다. 한 아이의 행위를 개인 내 질병으로 쉽게 환원시키는 것은 그 아이의 행위를 학교나 교실 환경 등 다양한 관점에서 해석하고 반성하며 변화를 모색할 가능성의 문을 닫는다.

항정신병 약물 처방의 두 번째 난점은 효과보다 부작용이 크다는 점이다. 항정신병 약물은 주로 발달장애라 명명된 이들의 고성이나 공격성과 같은 부적응적 적응 행동을 감소시키기 위해 사용된다.[12,13] 이들의 부적응적 적응 행동에 대해 항정신병 약

---

10 Wedge, M.(2012, March 8), Do French Kids Have ADHD?: France's holistic, psychosocial approach to treating ADHD-type symptoms, Psychological Today.(psychologytoday.com/us/blog/suffer-the-children/201203/do-french-kids-have-adhd)

11 Kovess, V., et al.(2015), Psychotropic medication use in French children and adolescents, *Journal of Child and Adolescent Psychopharmacology*, 25(2), pp. 168-175.

12 흔히들 문제 행동이라 알려진 행동은 알고 보면 표면상으로는 부적응적으로 보일지 몰라도 모두가 특정 상황 내지는 환경에 적응하기 위한 행동이라 할 수 있다. 이는 모든 유기체는 환경에 적응하고자 노력한다는 점에 기인한다. 단세포 생물인 아메바도 환경에 적응하고자 노력한다. 단지, 자신이 살아가는 환경이 어떠한가에 따라 적응의 형태가 달라질 뿐이다. 발달장애라 명명된 아이들도 세상을 인식하고

물이 일시적 진정 효과를 보이기도 한다는 일부 연구는 있으나, 장기적 진정 효과에 대한 과학적 증거를 제시하는 연구는 거의 없다.[14] 이에 반해, 발달장애라 명명된 이들의 일상생활에 방해가 되는 부작용들은 실로 다양하다.[15, 16] 대표적인 부작용으로 졸음, 나른함, 멍함, 피로, 식욕 상승에 따른 체중 증가, 두통 등을 들 수 있다.[17] 나아가 항정신병 약물의 장기 복용은 의지와 상관없

표현하는 방식과 주변 사람들이 자신에게 의사를 표현하는 방식 사이에 상당한 불일치가 있을 때, 주변 사람들에게는 부적응적으로 보일지 몰라도, 그 불일치에 적응하기 위해 주변 사람들이 사용하지 않는 형태의 소통 행위를 보일 수도 있다. 예를 들어, 갑자기 누군가의 머리채를 잡아당기는 행동을 반복하는 학생이 있다고 하자. 학교에서 아무도 자신에게 인사를 걸지 않다가 한 번 친구의 머리채를 잡아당기니 모두가 (그 형태가 어떻게 되었든) 적극적으로 자신에게 반응하는 상황을 경험한 이 학생에게 머리채 잡아당기기는 비록 부적응적으로 보일지라도 인사를 위한 적응 행동이 될 수 있다. 이 학생의 행위는 자신을 무시하는 부적응적 학교 환경에 적응한 결과라 할 수 있다.

13 Sheehan. R., et al.(2017), Psychotropic prescribing in people with intellectual disability and challenging behaviour, *Bmj*, 358.
14 Henderson, A., et al.(2020), Changes over a decade in psychotropic prescribing for people with intellectual disabilities: prospective cohort study, *BMJ open*, 10(9), p. e036862.
15 National Collaborating Centre for Mental Health(2015), Challenging behaviour and learning disabilities: prevention and interventions for people with learning disabilities whose behaviour challenges.
16 Scheifes, A., et al.(2011), Representation of people with intellectual disabilities in randomised controlled trials on antipsychotic treatment for behavioural problems, *Journal of Intellectual Disability Research*, 55(7), pp. 650-664.
17 Unwin, G. L. & Deb, S.(2011), Efficacy of atypical antipsychotic medication in the management of behaviour problems in children with intellectual

는 틱 행동이 나타나는 지연성 운동 이상증, 심장 부정맥, 급성 심장마비와 같이 생명을 위협하는 다양한 형태의 신체 장기 기능 이상과 통증 등의 심각한 부작용을 수반하기도 한다.[18, 19, 20]

이러함에도 정신의학계는 정신병 범주의 확대를 통해 정신병의 과잉 진단과 과잉 처방을 조장해 왔다. 정신병의 과잉 진단과 과잉 처방 현상은 발달장애라 명명된 이들에게 더욱 두드러지게 나타난다. 예를 들어, 미국 내에 발달장애라 명명된 이들에 대한 항정신병 약물 처방 비율은 전체 인구에 대한 처방 비율의 11배를 넘어선다고 한다.[21] 우리나라 또한, 발달장애라 명명된 이들의 46.8%가 항정신병 약물을 처방 및 복용 중이라고 한다.[22] 더욱이 정신병 진단 과정에서 의사소통의 어려움을 이유로 발달

---

disabilities and borderline intelligence: a systematic review, *Research in developmental disabilities*, 32(6), pp. 2121-2133.
18 Glassman, A. H. & Bigger, J. T.(2001), Antipsychotic drugs: prolonged QTc interval, torsade de pointes, and sudden death, *The American journal of psychiatry*, 158(11), pp. 1774-1782.
19 Cornett, E. M., et al.(2017), Medication-induced tardive dyskinesia: a review and update, *Ochsner Journal*, 17(2), pp. 162-174.
20 Stroup, T. S. & Gray, N.(2018), Management of common adverse effects of antipsychotic medications, *World psychiatry : official journal of the World Psychiatric Association(WPA)*, 17(3), pp. 341-356.
21 Park, S. Y., et al.(2016), Antipsychotic use trends in youth with autism spectrum disorder and/or intellectua l disability: a meta-analysis, *Journal of the American Academy of Child & Adolescent Psychiatry*, 55(6), pp. 456-468.
22 신현기(2019), 〈지적장애인의 이중 진단과 정신건강 문제의 고찰〉, 《지적장애연구》, 21(3), 103~125쪽.

장애라 명명된 당사자의 경험을 배제한 채, 그가 보이는 부적응적 적응 행동으로 인해 불편함을 호소하는 보호자의 의견에만 기반하여 처방이 이루어지기 쉽다. 이렇게 환자가 느끼는 감정이나 신체 상태와는 무관하게 보호자의 불편 정도에 따라 약물의 종류와 강도를 결정함으로써 과잉 처방을 하게 된다. 즉, 정확한 진단을 거치지 않은 상태에서 처방이 이루어지기에 발달장애라 명명된 이들에 대한 항정신병 약물의 처방이 도를 넘어서는 것이다.[23]

발달장애라 명명된 이들에 대한 항정신병 약물의 과잉 처방에 대한 우려와 균형 잡힌 약물 처방의 필요성에 대한 제기는 국제적으로 이루어지고 있다. 예를 들어, 2016년 우리로 치면 국민건강보험공단과 같은 영국 국민보건서비스국 National Health Service은 발달장애라 명명된 이들에 대한 항정신병 약물의 과잉 처방 문제를 해결하기 위해 의사협회, 약사협회, 정신의학회, 전국 의과대학 및 간호대학, 심리학회와 협력하여 전국 캠페인을 벌였다.[24] 캠페인의 슬로건은 '발달장애인에 대한 과잉 처방 중단'이었다. 이를 실천하기 위한 영국 정신의학회의 지침은 항정

---

[23] 신현기(2019), 앞의 논문.
[24] Branford, D., et al.(2018), Stopping over-medication of people with intellectual disability, autism or both (STOMP) in England Part 1history and background of STOMP, *Advances in Mental Health and Intellectual Disabilities*, 13(1), pp. 31-40.

신병 약물을 처방하는 전문가는 명확한 정신병 진단을 내릴 수 없는 경우 발달장애라 명명된 이들에 대한 항정신병 약물 처방을 적절하게 줄이거나 중단할 것을 권고한다. 하지만 안타깝게도 이 캠페인과 지침에도 불구하고 최근까지 발달장애라 명명된 이들에 대한 항정신병 약물 처방 패턴의 변화는 감지되지 않고 있다.[25]

본인이 아닌 주위 사람들이 고치고 싶어 하는 정신병 :
"정신병 진단은 학생에 대한 교사로서 무책임함에 면죄부가 되어 주었다"

병이기 때문에 고치고 싶은 것이 아니라 고치고 싶어서 병인 것이다.[26] 고치고 싶다는 욕망은 고통스럽기 때문에 나온다. 즉, 고통이 먼저 있고 그 고통을 제거하거나 치료하고 싶다는 요구가 나오고 나서야 '병'이라는 의사의 진단과 그에 대한 처방이 내려지는 것이다. 문제는 누가 고통스러우며, 누가 고치고 싶어 하는가다. 신체적 질병은 대체로 본인이 고통스럽기에 스스로 고치고 싶어 한다. 하지만 정신병은 주로 주위 사람들이 고통스러우므로

---

25 Branford , D., et al.(2018), 앞의 논문.
26 박동섭(2021),《동사로 살다 – 관계와 실체를 오가는 삶》, 빨간소금.

본인이 아닌 주위 사람들이 고치고 싶어 한다.[27]

나도 민재와의 관계에서 괴로울 때면 민재의 행동을 민재 내부에 존재하는 생물학적 질병인 정신병으로 가두고 약물로 민재를 잠재우고 싶다는 요구가 마구 올라오곤 했다. 민재의 경우 하루에도 수십 번, 교실 앞 복도를 지나다가, 급식을 먹다가, 또는 수업을 듣다가도 주위 친구를 향해 주먹을 불끈 쥐며 분노에 찬 목소리로 "이 새~끼가, 지금 나 욕했냐?"라며 욕설을 내뱉곤 했다. 이럴 때면 주먹으로 책상을 치기도 하고 지나가는 친구들과 다툼이 일어나기도 한다. 친구들이 즐거워할 때, 고개 숙여 필기할 때, 계단을 오르는 민재를 도와주기 위해 손을 내밀 때와 같이 전혀 화가 나지 않을 상황에서도 화를 내곤 했다. 실무사 선생님이나 특수 교사인 나에게도 예외는 아니었다. 그런 민재에게 신경정신과 전문의는 중간 수준 이상의 망상 증세를 보이는 중증 조현병 또는 정신 분열로 진단하고 항정신병 약물을 처방했고 민재는 언제나 잠에 취한 채 학교 일과의 대부분을 보내야 했다.

하지만 약물은 민재를 잠재움으로써 망상 증세를 일시적으로 소거하는 데에는 효과가 있었을지 몰라도, 민재가 망상 증세를 가지고 어떻게 타인과 함께 부딪히며 살아갈 것인가에 대한 장기적인 삶의 지혜 내지는 앎을 얻을 기회는 박탈하였다. 또한, 조현

---

27 박동섭(2021), 앞의 책.

병이라는 병명은 민재와 만나는 주요한 한 타인으로서 내가 민재의 망상적 행동의 원인을 개인 내의 생물학적 기질 탓으로 돌리기 딱 좋았다. 그렇게 민재의 행위는 더 이상 교육적 영역이 아닌 의료적 영역의 문제가 되었다. 정신병 진단은 학생의 삶의 경험 속에서 그들의 행위를 해석하고 이해하고자 애써야 하는 교사로서 책임을 회피할 수 있도록 면죄부가 되어 주었다.

민재와 나 모두의 앓의 여정을 위해 함께 앓아 보기로 했다 :
"이해하려 하면 불이 났을 때
 찬물을 끼얹어야 한다는 일상의 지혜를 얻게 된다"

앓는 자에게 묻지 않고 약을 지을 수는 없다.
고치는 것은 의사가 아니고 앓는 자 자신이다.
앓은 앓음이다. 철학도 종교도 앓는 소리다.
앓이 나음이다.
제 병, 저만이 고친다.
의사는 중간에서 공연히 이름을 도둑질할 뿐이다.
학자도 종교가도 정치가도 의사다.
씨알은 앓는 존재다. 알이 들자고 앓는다.
알이 드는 날 앓이 올 것이다.[28]

정신병이란 진단명 뒤에 숨어 더 이상 앎에 대한 책임을 방기할 수 없었다. 어떤 누구도 정신병이라는 의료적 진단명에 근거하여 각종 약물 내지는 격리의 방식으로 이들의 앎을 위한 앓음앓이를 빼앗을 권리는 없었기 때문이다. 비록 내가 배워 왔던 문화 규범 속에 (가령 교사와 학생 사이의 예절이라든지, 남성과 여성의 역할과 같은 2023년 현재 한국이라는 공간에서 유효한 규범들에) 한 아이의 행동을 가둘 수 없기에 괴로울 수는 있다. 하지만 그 괴로움을 이유로 한 아이를 쉽사리 질병으로 분류하고 진단하며 약물을 통해 그 목소리를 잠재우는 것은 그 아이와 교사 모두에게 어떤 앎도 일어날 수 없도록 차단할 뿐이다.

그래서 민재와 나 사이의 앎의 여정을 위해 함께 앓아 보기로 했다. 누군가 또는 무언가를 알아 간다는 것은 불편함과 고통을 경험하는 과정이며, 그 고통과 불편함을 감수할 때 '앎'이 가능하니 말이다. 독립운동가이자 사상가였던 함석헌 선생에 따르면, 우리말의 '앎'은 '앓음'과 같은 어원에서 나왔다. 바로 알卵이다. 무언가 안다는 것은 알을 깨고 나오는 인고忍苦의 시간을 견뎌 내고야 가능하다. 누군가를 이해하려 노력한다는 것은 앓는 과정으로서, 불편을 차단하거나 피하지 않고 오히려 그 불편을 감수하는 것이다. 그래서 민재와의 불편을 감수해 보기로 했다. 우선 적어도 등교하는 평일 아침 및 점심에는 약 복용을 중단하기로 부

---

28 함석헌(1993), 《인간혁명의 철학》, 한길사, 246쪽.

모님과 협의하여 결정했다. 서로 배움과 앎을 위한 민재와 불편한 동거는 그렇게 시작되었다.

먼저 민재를 이해해 보기로 했다. 어떤 일의 전후 사정에 대해 이해가 되면 화낼 일도 없어진다. 하지만 오해를 하기 시작하면 분노와 증오가 싹트기 마련이다. 나아가 이해하려 하면 이해가 되지만 오해하려 하면 한없이 오해가 오해를 낳기 마련이다. 오해가 더 큰 오해를 낳아 미워하고 증오하면 엄청난 에너지가 소진된다. 내가 민재를 이해한다면 이 에너지는 민재와 나를 성장시키는 에너지로 전환될 수 있을 것이라 믿었다.

민재는 중학교 1학년 때까지는 조용한 아이였다. 어떻게 이런 아이가 괴물(?)이 되었을까? 민재는 초등학생 때부터 중학생이 될 때까지 다른 학생들에게 여러 차례 집단 폭력을 당했다. 민재에게 학교의 경험은 자신을 향한 온갖 욕설과 폭력 그 자체였을 것이다. 그 폭력의 기억들이 순간순간 떠오를 때면 조그만 일에도 민감하게 반응하고 오해하며 즉각적으로 대응하게끔 만드는 것은 아닐까. 괴물이라는 표현을 썼지만, 정확히 말하면 민재가 괴물이 아니라 학교 사회라는 괴물이 민재를 괴물로 만든 것이다. 비록 현재 민재의 욕설과 분노가 민재의 오해에서 비롯되었다 하더라도 그 근원에는 민재가 아무런 영문도 모른 채 맞아야 했던 과거의 아픈 경험들이 녹아 있기 때문이다.

이렇게 민재의 분노와 욕설이 느닷없는 행동이 아님을 이해하게 되니 민재에게서 분노의 불꽃이 튀더라도 덤덤하게 대응할 수 있게 되었다. 나아가 내가 교사로서 학생의 행동을 통제하고 관리해야 하는 사회적 역할에 충실할수록 나의 분노가 커지고 목소리가 높아진다는 것을 인정하고 난 후 오히려 평안을 찾을 수 있었다. 민재의 마음에 불꽃이 튀어 오를 때면 담담하게 주변 상황을 설명하거나 때론 유머로 찬물을 끼얹기로 마음먹었다. 이것이 민재와 나를 살리고 성장시키는 길이라 생각했다. 불이 났을 땐 찬물을 끼얹어야 하는 법이지, 맞불로 대응하면 서로를 태우는 일이 되어 결국 남는 것은 더 큰 화마와 상처뿐이니 말이다.

어느 날 필기하다 말고 (과거 친구에게 맞은 기억이 났는지) 민재가 입을 삐죽삐죽하며 표정을 일그러뜨렸다. 그 찰나를 놓칠세라 나는 다음과 같은 방식으로 민재에게 말했다.

민재 : (짝을 향해 입을 좌우로 삐죽거리며 눈을 살짝 뒤집더니 조용한 목소리로) "이~ 쉬!"
나 : (담담하게) "짝이 지금 열심히 필기하고 있네, 민재도 이거 적어 볼까?"
민재 : (한결 누그러진 표정을 지으며) "아~~ 네~."

민재는 다시금 평온을 찾고 필기하기 시작한다. 이 순간을 놓치면 민재는 옆에 앉은 친구를 주먹으로 위협하거나 그 친구의 어깨를 내리치기도 한다. 무엇보다 민재에게 필요한 건 현재 민재에게 일어나고 있는 일들이 과거와 무관한 상황임을 다양한 방식으로 알려 주는 것이었다.

또한, 친구들이 민재에게 호의를 보임에도 민재의 미간이 찡그려지는 순간 나는 미리 선수를 쳐 민재에게 다음과 같이 말한다.

탁구 : (민재에게 딸기 우유를 내밀며) "자, 민재야 먹어!"

민재 : (입을 좌우로 삐죽거리며 눈을 살짝 뒤집더니 잠시 침묵) …….

나 : (얼른 말문을 연다) "민재 먹으라고 탁구가 매점에서 딸기 우유 사 왔네, 고맙지?"

민재 : (표정이 밝아지며) "어 고마워, 탁구야!"

한편 유머로 상황을 반전시키기도 하는데, 이러한 찬물 끼얹기는 다음과 같이 이루어진다.

민재 : (무심코 지나가는 친구를 째려보며 두 주먹을 불끈 쥔다) "이 새끼가~, 니가 그랬냐?"

나 : (태연하게 웃으며) "민재 아들 낳았어?"

민재 : (엉뚱하다는 듯 나를 향해) "아니요, 그건 왜 물어요?"

나 : (다시 웃으며) "새끼라고 하니까? 새끼는 자식을 뜻하잖아."

민재 : (입을 크게 벌리곤 고개를 끄덕이며) "아~ 그렇구나."

나 : "그럼 아들 낳기 전까지는 친구에게 새끼라고 말하면 될까?"

민재 : (웃으며 큰 목소리로) "아니요, 킥킥킥."

그렇게 민재의 표정에서 조그마한 불꽃이 튈 것 같으면 바로 그 상황이 민재를 위협하는 상황이 아님을 알리는 것과 상대방에 대한 분노와 놀람의 표현에 대해 유머로 응대하기는 오늘도 계속되고 있다.

사람이 오해하면 화가 난다. 하지만 이해하려 들면 화가 사그라들 뿐 아니라 대화의 문이 열리기 마련이다. 물론 한 사람을 온전히 이해하며 소통하는 것이 말처럼 쉽지만은 않다. 그럼에도 중요한 것은 이해하려 노력하는 것이다. 이해하려 노력하다 보면 불이 났을 때는 찬물을 끼얹어야 한다는 일상의 지혜를 체득하게 된다. 그러한 지혜로 민재와 대화해 나가다 보면 과거의 남겨진 불씨가 현재로 튀지 않게 함으로써 현재 상황에 맞는 적응 행동을 위한 생각의 자원이 민재에게도 쌓이지 않을까? 궁극적으로 그렇게 우리 서로가 찬물 끼얹기를 통해 성장해 가고 있는 것은 아닐까?

나가며

하루만 지나도 새로운 전자 기기들이 쏟아져 나오기에, 무슨 물건이든 고장이 나면 쉽사리 수리를 맡기거나 새로 사면 되는 패스트fast 시대에 우리는 살고 있다. 이렇게 빠름이 미덕인 시대에 사람의 마음 내지는 행동에 다름이나 이상이 느껴질 때, 마치

물건을 'AS$^{After Service}$' 맡기듯, 그런 마음을 신속히 치료하거나 제거하기 위해 전문가를 찾곤 한다. 전문가에 의한 AS, 즉 항정신병 약물 등을 통해서도 치료되기 어렵다 여겨지면 정신병원과 같은 시설로 분리하려 한다. 그렇게 멈춤 없는 패스트 시대를 우리는 살고 있는 것이다. 사람 사이의 문제도 바쁘다는 이유로 물건 다루듯 누군가에게 맡기거나 아예 나와는 무관한 일로 무책임하게 가두어 버리는 시대 말이다. 그러한 최첨단과 지식 범람의 시대에 오히려 삶의 불편함을 함께 앓으며 앎을 깨닫게 되는 일상의 궁리는 사라져 가고 있다. 지식의 범람 속에 지혜의 위축이라는 모순된 시대를 우리가 살고 있는지도 모른다.

  이런 모순의 시대에 발달장애라 명명된 학생들과 함께 살고자 하는 교사라면 차이로 인해 발생하는 불편함 앞에서 어떤 태도를 취해야 할까? '불편함을 쉽사리 정신의학 전문가에게 떠넘기거나 항정신병 약물을 통해 나와는 무관한 것으로 가두거나 분리할 것인가, 아니면 불편함을 통해 함께 아파하며 새로운 지혜와 궁리를 얻고자 노력할 것인가?' 발달장애라 명명된 학생들과 함께 배우고 가르치며 일상을 살아가는 특수 교사에게 꼭 필요한 질문이 아닐 수 없다.

에필로그

'선량한 분리주의자'를 넘어 '적극적 통합주의자'로

우리 지역에는 인문계고등학교 학생들에게 적성에 맞는 다양한 교육 기회를 제공하기 위해 인문계고등학교에서는 수강하기 어려운 예체능 및 직업 관련 심화 과목들을 토요일이나 방학 중에 특성화고등학교에서 수강할 수 있도록 돕는 제도가 있다. 마침 ○○산업정보학교에서 제과·제빵 수업을 개설했기에 발달장애라 명명[1]된 학생 2명이 지원해 보기로 했다. 이 학생들의 올해

---

1 발달장애인은 「발달장애인 권리보장 및 지원에 관한 법률」에 따르면 지적장애와 자폐성장애를 통칭하는 장애 분류이다. 하지만 이 글에서 나는 '발달장애인' 대신 '발달장애라 명명된 사람'이라는 표현을 사용한다. 이는 활동activity에 대한 관점의 차이와 명명이 갖는 부정적인 낙인 효과에 대한 경각심을 잊지 않기 위해서다.
먼저, '할 수 있음ability'과 '할 수 없음disability'은 한 활동의 단위를 어떻게 바라보는가에 대한 관점의 문제가 뒤따른다. 만약 한 사람이 휠체어에 앉아서 활동 보조인에게 자신만의 라면 끓이는 비법을 말하고 활동 보조인은 그 비법에 따라 라면을 끓이고 있다고 가정해 보자. 이런 경우 무언가 한다는 것, 활동을 개인에 초점을 둔다면 휠체어를 탄 사람은 라면을 끓일 수 없다고 말할 것이다. 하지만 활동이라는 것이 개인과 관계하는 타인과 도구들이 서로 만나고 협력한 결과라 본다면 휠체어를 탄 사람은 라면을 끓일 수 있다고 말할 수 있다. 글을 쓰는 행위도 실제 보이지는 않지만 종이와 연필이라는 도구와 문자 체계를 만든 수많은 사람들의 노력 덕

목표 중에 하나가 제빵 기능사 자격증 취득이라 학생들에게 큰 도움이 되리라 생각했다. 가정 형편상 주말에도 혼자 집에서 지루한 시간을 보내야 하는 아이들이었다. 선발을 위한 서류로 학생 자기소개서, 수강 취지 등을 포함하여 A4지 5장에 달하는 내용을 작성해야 했다. 학생들이 직접 작성하기에는 다소 어려움이 있어 학생들과 머리를 맞대고 학생들의 진술을 바탕으로 장장 5시간에 걸쳐 지원서를 작성하여 교육청에 제출했다.

얼마 뒤 ○○산업정보학교에서 개설한 제과·제빵 수업의 대상자로 선정되었다는 공문을 받았다. 사실 누가 봐도 이 학생들에게 이 과정은 취미가 아닌 고등학교 졸업 후 자신들의 진로와 직업 생활을 위해 필요한 과정이었다. 이러한 사정이 지원서에 구구절절 녹아나게 작성했다. 지원서에는 학생들의 간절함이 묻어나 있었다. 가정 형편상으로나 경제적으로나 말이다. 나도 지원서를 함께 쓰면서 이건 될 수밖에 없다는 확신이 들었다.

첫 수업이 있던 날, 수업이 어떻게 진행되는지 궁금했던 나

분에 가능한 것이다. 이렇게 바라본다면 세상에 할 수 없는 사람은 없다. 단지, 협업적인 활동의 단위를 개별에 가두고 분절시키며 바라보는 이들이 특정 누군가를 '할 수 없는 사람' 혹은 '장애인'이라고 명명하고 분류했을 뿐인 것이다.
다음으로 한 사람을 '장애인'이라 정의하는 순간 장애를 그 사람 자체로 생각하기 쉽다. 즉, 한 사람을 사회적으로 형성된 각종 편견과 부정적 이미지로 덧씌워져 있는 장애라는 명명 속에 가두게 될 가능성이 높아지는 것이다. 그래서 장애라는 것이 그 사람 자체가 아니라 특정 사회가 정상을 기준으로 한 사람을 장애라고 명명하는 것임을 잊지 않을 필요가 있다.

는 학생들과 함께 가 보았다. 수강하는 학생 8명의 소규모 수업에 시설도 잘 갖추어져 있어 아이들은 물론이고 나도 마음에 들었다. 첫 수업이 끝나고 하굣길에 학생들의 얼굴에 미소가 가득했다. 잘 갖추어진 시설에서 제대로 배울 수 있어 재미났던 것이다.

"아니, 특수 아이들을 여기에 신청하면 어떻게 합니까?"

그런데 다음 날, 담당 장학사에게서 전화 한 통이 걸려 왔다. 장학사는 이런 말들을 쏟아 냈다.

"아니 특수 아이들을 여기에 신청하면 어떻게 합니까?"
"특수면 특수에서 따로 하는 것이 있지 않나요?"
"특수는 그래서 전문가가 맡는 것이 아닌가요?"

그 장학사에게 「장애인차별금지 및 권리구제 등에 관한 법률」(장애인차별금지법)에 대해 다소 설명을 드렸다. 인문계고등학교에 재학 중인 모든 학생들을 대상으로 모집하셨음에도 장애를 이유로 제한을 하시면 차별이라고 말이다. 장학사는 잠시 머뭇거리더니, 강요에 가까운 제안을 했다. 보호자나 보조 인력이 동행하지 않으면 못 받아들이겠다고. 나는 학생들이 스스로 통학도 가능하고 제과·제빵 기구도 여러 번 다루어 보아서 도움이 필요 없다고 응답했다. 하지만 담당 장학사는 또 물었다.

"아이들이 스스로 통학할 수 있다고 해도 통학하는 길에 무슨 봉변이라도 당하면 어떻게 하란 말입니까?"

이에 나는 다른 학생들도 통학하는 길에 봉변을 당할 가능성이 있는데 다른 학생들에게도 똑같이 보호자 동행을 의무화했는지 되물었다. 그는 잠시 말문이 막혔는지 멈칫하더니 나의 반문이 상식을 벗어난다며 어떻게 해서든 보조 인력이 매주 토요일에 동행할 것을 종용했다.

나는 학생들이 충분히 혼자서 통학이 가능함에도 보조 인력 동행을 종용하는 것은 부당한 요구임을 일관되게 전했다. 이에 장학사의 어투가 종용에서 요청으로 바뀌었다. 다시금 1학기 때만이라도 동행해 줄 것을 요청하면서, 동행하는 분을 보조 강사 자격으로 위촉하고 강사 수당을 마련해서 지급할 수 있도록 노력해 보겠다고 말이다.

통화가 끝나고 특수교육 실무사 선생님 두 분과 협의를 해 보았다. 그 결과 한 분이, 보조 강사로 위촉하고 수당까지 지급한다면 토요일에 학생과 동행하겠다고 하셨다. 그렇게 한 학기만 특수교육 실무사 선생님이 동행하는 것으로 장학사와 이야기를 끝냈다.

그런데 또 다음 날, 담당 장학사가 아래와 같은 내용의 문자를 남겼다.

"그럼 2학기에는 학생들이 프로그램에 참가 안 하겠네요? 참가하려면 2학기에도 보조 인력이 와야 합니다."

우선 화가 났다. 약속과 다른 일방적 통보였다. 우리는 학생들이 스스로 통학이 가능하고 프로그램에 자율적으로 참가하기를 희망했다. 하지만 담당 장학사의 요청으로 해당 학생들의 뜻과 달리 한 학기는 특수교육 실무사 선생님과 동행하기로 어렵사리 결정했다. 그럼에도 보조 인력 없이는 2학기에는 참가가 불가능하다고 일방적으로 통보한 것이다. '특수'라는 이유로 달리 바라보고 무시하지 않고서는 있을 수 없는 일이었다.

분리와 배제의 동맹

우리는 국가인권위원회에 전화를 걸어 이 사례에 대해 상담을 받기로 결정했다. 상담을 마치고 다음과 같은 문자를 장학사에게 보냈다.

"학생들도 교사가 따로 동행하지 않기를 바랄 뿐 아니라 수학여행도 별도의 보조 인력 없이 다녀왔던 친구들입니다.

장애인차별금지법 및 특수교육법에 따르면 보조 인력이 없어 장애 학생의 수강을 금지해서도 안 되지만 보조 인력이 필요하지 않음에도 보조 인력을 강요해서도 안 됩니다.

전문가의 판단 없이, 아니 전문가가 보조 인력이 필요 없다고 판단했음에도 보조 인력이 없어 학생 참가가 불가능하다고 하신 말씀은 국가인권위원회 상담 결과 명백한 차별이고 권고 사항에 해당한다고 합니다. 이에 (특수교육) 전문가의 입장에서 장학사님이 보조 인력 동행을 강요하시는 말씀은 자제해 주시면 감사하겠습니다."

이런 우여곡절 끝에, 두 학생은 한 학기는 특수교육 실무사 선생님과 함께, 다음 한 학기는 누구의 동행 없이 스스로 다니기로 하고 매주 토요일이면 빵을 구우러 ○○산업정보학교로 향하고 있다.

"선한 자에 대한 심문"

이 사례는 '특수'라는 말 한마디 내지는 명사가 일상에서 어떻게 한 사람을 무시하고 배제하는 기제로 작용하는지 잘 보여 준다. '특수는 특수하게'라는 상식에 동의하는 순간, 아이들을 분리하고 배제하는 최전선에 동맹하게 되는 것이다.

물론 나라고 아이들을 분리하고 배제하는 데 기여하지 않는다고 말하진 않겠다. 나도 특수 교사인 이상 이로부터 자유로울 수 없다. 아니 나의 존재 자체가 이 분리와 배제에 기여하고 있는지도 모른다. 하지만 무슨 잘못을 하고 있는지 아는 것이 중요하다. 그럴 때 적어도 '특수'라는 이름으로 분리하고 배제하는 악을 덜 행하기 위해 노력하게 되지 않을까 생각해 본다.

결국, 모두가 통합 교육을 바라지만, 선량한 마음만으로 통합 교육은 이루어지지 않는다. 더욱이 분리하고 배제해야 할 수천수만 가지 이유가 넘쳐나는 세상에서 말이다. '선량한 분리주의자'를 넘어 '적극적 통합주의자'의 입장에서 실천할 때 통합 교육은 한 걸음 더 다가올 것이다. 분리와 통합은 무엇보다 정치적 문제이며 부차적으로 기술적 문제이니 말이다.[2]

마지막으로 베르톨트 브레히트Bertolt Brecht의 〈선한 자에 대한 심문〉[3]이라는 시로 글을 마치려 한다.

앞으로 나오라, 우리는
그대가 좋은 사람이라고 들었다.
그대는 매수되지 않지만,
집을 내려치는 번개 또한

---

[2] Slee, R., Corcoran, T. & Best, M.(2019), Disability studies in education-building platforms to reclaim disability and recognise disablement, *Journal of Disability Studies in Education*, 1(1-2), pp. 3-13.
[3] [Zizek, S.(2008), *Violence*, Picador, pp. 38-39]에서 재인용.

매수되지 않는다.

그대는 그대가 했던 말을 지켰다.

그러나 어떤 말을 했는가?

그대는 정직하고, 자기 의견을 말한다.

어떤 의견인가?

그대는 용감하다.

누구에게 대항하는 용기인가?

그대는 현명하다.

누구를 위한 현명함인가?

그대는 자신의 개인적 이익을 돌보지 않는다.

그렇다면 그대는 누구의 이익을 돌보는가?

그대는 좋은 친구이다.

그대는 좋은 사람들에게도 좋은 친구인가?

이제 우리의 말을 들으라, 우리는

그대가 우리의 적임을 안다. 그런 이유로 우리는

이제 그대를 벽 앞에 세우리라. 그러나 그대의 미덕과 장점들을 고려하여

우리는 그대를 좋은 벽 앞에 세우고 그대를

좋은 총의 좋은 탄환으로 쏠 것이며 그대를

좋은 삽으로 땅에 묻어 주리라.

교육공동체 벗

교육공동체 벗은 협동조합을 모델로 하는 작은 지식공동체입니다.
협동조합은 공통의 목적을 가진 사람들이 모여서 만든
권력과 자본으로부터 독립된 경제조직입니다.
교육공동체 벗의 모든 사업은 조합원들이 내는 출자금과 조합비로 운영됩니다.
수익을 목적으로 하지 않기에 이윤을 좇기보다
조합원들의 삶과 성장에 필요한 일들과
교육운동에 보탬이 될 수 있는 사업들을 먼저 생각합니다.
정론직필의 교육전문지, 시류에 휩쓸리지 않는 정직한 책들,
함께 배우고 나누며 성장하는 배움 공간 등
우리 교육 현실에 필요한 것들을 우리 힘으로 만들고 함께 나누고 있습니다.

조합원 참여 안내

출자금(1구좌 일반 : 2만 원, 터잡기 : 50만 원)을 낸 후 조합비(월 1만 5천 원 이상)를 약정해 주시면 됩니다. 조합원으로 참여하시면 교육공동체 벗에서 내는 격월간 교육전문지 《오늘의 교육》과 조합통신을 받아 보실 수 있습니다. 출자금은 종잣돈으로 가입할 때 한 번만 내시면 됩니다. 조합을 탈퇴하거나 조합 해산 시 정관에 따라 반환합니다. 터잡기 조합원은 벗의 터전을 함께 다지는 데 의미와 보람을 두며 권리와 의무에서 일반 조합원과 차이는 없습니다. 아래 홈페이지나 카페에서 조합 가입 신청서를 내려받아 작성하신 후 메일이나 팩스로 보내 주세요.

홈페이지 communebut.com
이메일 communebut@hanmail.net
전화 02-332-0712
팩스 0505-115-0712

교육공동체 벗을 만드는 사람들

※ 하파타순

후쿠시마 미노리, 황지영, 황정일, 황정원, 황이경, 황윤호성, 황영수, 황봉희, 황규선, 황고운, 홍지영, 홍정인, 홍승희, 홍순성, 홍세화, 홍성근, 홍성구, 홍서연, 현복실, 현미열, 허창수, 허윤영, 허성실, 허보ملا, 허무영, 허광영, 함점순, 함영기, 한학범, 한채민, 한진, 한지혜, 한은옥, 한송희, 한성찬, 한석주, 한민호, 한민혁, 한만중, 한날, 한길수, 한경희, 하주현, 하정호, 하정필, 하인호, 하승우, 하승수, 하순배, 탁동철, 최readiness성, 최현숙, 최현미, 최진규, 최주연, 최정윤, 최정아, 최은희, 최은정, 최은순, 최은경, 최윤미, 최유리, 최원혜, 최우성, 최영식, 최연희, 최연정, 최승훈, 최승복, 최수옥, 최선자, 최선영, 최선경, 최붕선, 최보람, 최병우, 최미영, 최류미, 최대현, 최광용, 최경미, 최경련, 채효정, 채종민, 채민정, 차종숙, 차용훈, 진현, 진주형, 진용용, 진영준, 진낭, 지정순, 지수연, 주예진, 주순영, 조희정, 조형식, 조현민, 조향미, 조해수, 조진희, 조지연, 조준혁, 조정희, 조윤성, 조원희, 조원배, 조용진, 조영현, 조영옥, 조영실, 조영선, 조여은, 조여경, 조성희, 조성실, 조성배, 조성대, 조석현, 조석영, 조남규, 조경애, 조경아, 조경삼, 조경미, 제남모, 정희영, 정홍윤, 정현숙, 정혜레나, 정춘수, 정진영a, 정진영b, 정진규, 정주리, 정종헌, 정종민, 정재학, 정이든, 정은희, 정은주, 정은균, 정유진, 정유숙, 정유섭, 정원탁, 정원석, 정용주, 정예현, 정예슬, 정애운, 정소정, 정보라, 정민석, 정미숙a, 정미숙b, 정명옥, 정명영, 정득년, 정대수, 정남주, 정광호, 정광필, 정광일, 정관모, 정경원, 전혜원, 전지훈, 전유미, 전세란, 전보애, 전병기, 전민기, 전미영, 전명훈, 전난희, 장주연, 장인하, 장은정, 장윤영, 장원영, 장우재, 장시준, 장사옥, 장병훈, 장병학, 장병순, 장근영, 장군, 장경훈, 임혜정, 임향신, 임한철, 임지영, 임중혁, 임종길, 임정은, 임전수, 임수진, 임성빈, 임선영, 임상진, 임동헌, 임덕연, 임경환, 이희옥, 이희연, 이효진, 이호진, 이혜정, 이혜영, 이혜린, 이현, 이혁규, 이향숙, 이한진, 이하영, 이태영, 이치형, 이충근, 이진희, 이진혜, 이진주, 이진욱, 이지혜, 이지향, 이지영, 이지연, 이중석, 이주희, 이주영, 이종은, 이정희a, 이정희b, 이재익, 이재은, 이재영, 이재두, 이임순, 이인사, 이은희a, 이은희b, 이은향, 이은진, 이은주, 이은영, 이은숙, 이은민, 이융엽, 이윤승, 이윤선, 이육미, 이윤경, 이유진a, 이유진b, 이월녀, 이원녀, 이용화, 이용숙, 이용기, 이연주, 이영아, 이영아, 이연진, 이연주, 이연숙, 이연수, 이승헌, 이승태, 이승아, 이슬기, 이수현, 이수정a, 이수정b, 이수연, 이수미, 이성희, 이성호, 이성채, 이성숙, 이성수, 이선표, 이선영a, 이선영b, 이선애a, 이선애b, 이선미, 이상훈, 이상화, 이상직, 이상원, 이상미, 이상대, 이병준, 이병곤, 이범희, 이민정, 이민아, 이민숙, 이미옥, 이미숙, 이미라, 이문영, 이명훈, 이명형, 이동철, 이동준, 이동범, 이다구, 이나숙, 이난영, 이나경, 이기자, 이기성, 이근영, 이규영, 이계상, 이경원, 이경은, 이경옥, 이경언, 이경림, 이건희, 이건진, 윤희연, 윤홍은, 윤지형, 윤종원, 윤영훈, 윤영백, 윤수진, 윤상혁, 윤병일, 윤규식, 유효성, 유재율, 유영길, 유수연, 유병준, 위양자, 원지영, 원윤희, 원성제, 우창숙, 우지영, 우완, 우수경, 오중근, 오정오, 오재홍, 오은정, 오은경, 오유진, 오수진, 오세희, 오민식, 오명환, 오동석, 염정신, 여희영, 여태진, 엄창호, 엄재홍, 엄기호, 엄기옥, 양혜준, 양은주, 양은숙, 양열란, 양성보, 양보라, 설은주, 설원민, 섭서미, 석복자, 석미라, 석보관, 성용해, 성열란, 성보라, 설은주, 설원민, 석미라, 석복자, 석미라, 석경순, 서지연, 서정오, 서인선, 서은지, 서예원, 서명숙, 서금숙, 서강선, 상형규, 변현숙, 변나은, 백현희, 백승범, 배희철, 배주영, 배정현, 배이상헌, 배영건, 배아영, 배성연, 배정내, 방등일, 방경내, 반영진, 박희진, 박희영, 박효정, 박효수, 박환조, 박혜숙, 박형진, 박현희, 박현숙, 박춘애, 박춘배, 박철호, 박진환, 박진수, 박진교, 박지희, 박지홍, 박지원, 박중구, 박정희, 박정미, 박영선, 박은하, 박은경, 박은지, 박우균, 박영실, 박연정, 박신자, 박수진, 박수경, 박소현, 박성규, 박복희, 박복선, 박미희, 박미오, 박명진, 박명숙, 박동혁, 박도정, 박대성, 박노제, 박내현, 박나실, 박기용, 박고형준, 박경화, 박경이, 박건형, 박건진, 박건오, 민병성, 문호진, 문용석, 문영주, 문수현, 문수영, 문수경, 문성철, 문명숙, 문경희, 모은정, 맹수용, 마승희, 마창모, 류정희, 류재향, 류우종, 류명숙, 류대현, 류경원, 도정철, 도방주, 데와 타카유키, 노한나, 노영현, 노경미, 남효숙, 남정민, 남은정, 남윤희, 남원호, 남예린, 남미자, 남궁연, 나여준, 나규환, 김희옥, 김홍규, 김춘태, 김효미, 김홍규, 김홍태, 김혜진, 김혜영, 김혜림, 김혜린, 김혜립, 김현진, 김주a, 김현주b, 김현영, 김현실, 김현택, 김현용, 김해경, 김필임, 김태훈, 김태원, 김찬영, 김찬, 김진희, 김진숙, 김진, 김지훈, 김지혜, 김지원, 김지은, 김지연a, 김지연b, 김지미, 김지광, 김중민, 김준연, 김주영, 김종현, 김종진, 김종욱, 김종성, 김종선, 김정삼, 김재황, 김재현, 김재민, 김임곤, 김인순, 김이은, 김은파, 김은아, 김은식, 김은숙, 김은수, 김윤주, 김윤자, 김윤미, 김원혜, 김원식, 김우영, 김용훈, 김용양, 김용만, 김요한, 김영미, 김영진a, 김영진b, 김영주, 김영삼, 김영미, 김영모, 김연정a, 김연정b, 김연일, 김연미, 김아현, 김순천, 김수현, 김수진a, 김수진b, 김수정, 김수연, 김수경, 김소희, 김소영, 김세호, 김성탁, 김성숙, 김성보, 김선희, 김선철, 김선우, 김선미, 김선구, 김석규, 김서화, 김서영, 김상희, 김상정, 김상운, 김봉석, 김보현, 김보경, 김병희, 김병훈, 김병기, 김범무, 김민희, 김민섭, 김민선, 김민곤, 김민결, 김민향, 김미진, 김미향, 김미숙, 김미자, 김미선, 김명희, 김명희, 김명섭, 김동현, 김동일, 김동원, 김도석, 김다희, 김다영, 김남철, 김나혜, 김기훈, 김기언, 김규태, 김규빛, 김광민, 김고종호, 김정일, 김가연, 길지현, 기세라, 금현진, 금현옥, 금명순, 권혜영, 권혁천, 권혁기, 권태융, 권자영, 권유나, 권용수, 권미지, 국찬석, 구자숙, 구원회, 구완회, 구수연, 구본희, 구미숙, 광흠, 곽혜영, 곽현주, 곽진경, 곽노현, 곽노근, 공현, 공진하, 공영아, 고춘식, 고진선, 고은경, 고윤정, 고영주, 고영실, 고병헌, 고병연, 고민경, 고미아, 강화정, 강현주, 강현정, 강한아, 강태식, 강준희, 강인성, 강이진, 강은영, 강윤진, 강영일, 강영주, 강순원, 강수돌, 강성규, 강석도, 강서형, 강경모

※ 2024년 4월 17일 기준 743명

※ 이 책의 본문은 재생 용지를 사용해서 만들었습니다.